Lektorat Burghard König

Unsere technisierte und automatisierte Arbeitswelt steht dem Bedürfnis nach ausreichender Bewegung und ungezwungener Kommunikation oft entgegen. Um so wichtiger ist für unser Leben der Sport geworden: als gezieltes Fitnessprogramm, als Freizeitgestaltung oder als gemeinschaftsförderndes Spiel.

Die *rororo Sportbücher* zeigen Wege auf, wie man allein oder in der Gruppe zu einer sinnvollen körperlichen Betätigung kommt. Sie informieren den Anfänger und geben Anleitungen für den Freizeitsportler, enthalten Lehr- und Übungsprogramme für den Fortgeschrittenen und stellen dem Lehrer methodisch wie didaktisch erprobte Unterrichtsmaterialien bereit.

Die in regelmäßiger Folge erscheinenden Bände runden sich zu einer in sich geschlossenen Sportbibliothek ab.

Tauchen und Schnorcheln

Training
Technik
Taktik

Erhard Schulz

Rowohlt

Originalausgabe

Umschlagentwurf Werner Rebhuhn (Foto: kiel-taucher)
Typographie Werner Rebhuhn / Layout Angelika Weinert
Illustrationen Jochen Howe
Fotos kiel-taucher
Veröffentlicht im Rowohlt Taschenbuch Verlag GmbH,
Reinbek bei Hamburg, Mai 1978
Copyright © 1978 Text und Abbildungen
by Rowohlt Taschenbuch Verlag GmbH, Reinbek bei Hamburg
Alle Rechte vorbehalten
Satz Times (Linotron 505 C)
Gesamtherstellung Clausen & Bosse, Leck
Printed in Germany
780-ISBN 3 499 17020 5

1.–18. Tausend Mai 1978
19.–23. Tausend Juli 1980

Inhalt

Vorwort

Dieses Buch wendet sich nicht an den Autodidakten. Ein solches An-
sinnen wäre mit dem wichtigen Sicherheitsgebot *Tauche nie allein!*
unvereinbar. Vielmehr ist es gedacht als begleitende Lektüre zur
Tauchausbildung in einer Gruppe, einem Tauchclub oder einer Tauchschule. Es dient der Vertiefung einer laufenden oder bereits absolvier-
ten Ausbildung, ist eine Hilfe für den Anfänger wie für den Fortgeschrittenen und ist als Leitfaden verwendbar für Übungsleiter und
Ausbilder.

Das Buch gibt Auskunft über:
Voraussetzungen und Anforderungen bei einer Tauchausbildung
praktische, moderne Tauchausrüstung
Tauchphysiologie und -medizin
den richtigen Umgang mit Flossen, Maske und Schnorchel in
Schwimmbad und Freiwasser
die Verständigung mittels Unterwasser-Handzeichen
Ausbildung und Training im Tauchen mit Preßlufttauchgerät
die Anwendung des Erlernten beim Tauchen in Meer und See
Sicherheit beim Tauchen
Anwendung der Taucherei: Wettkampf, Fotografie und Film, Ar-
chäologie, Forschungstauchen, Berufstauchen
Tauchclubs und -verbände sowie geeignete Tauchgewässer im deut-
schen Raum
Tauchschulen in Deutschland und an der Mittelmeerküste
Bedingungen für die Ablegung von Tauchsport-Abzeichen

Grundlagenwissen

Tauchen und Schnorcheln als Freizeitsport

Der relativ junge Sport ‹Tauchen› erlebte in den vergangenen zehn Jahren eine starke Verbreitung. Die Faszination dieser Sportart liegt vorrangig im Erlebnis des Schwebens in einer schweigenden, bizarren Welt. Die Möglichkeit, sich frei im dreidimensionalen Raum zu bewegen – und dies ohne ‹Absturzrisiko› –, berührt sicher einen Urwunsch des Menschen, das Fliegenkönnen. Die Freude am Tauchen ist undenkbar ohne das Erlebnis des Sehens. Es wird uns ermöglicht durch die Tauchmaske, die uns wie in einem Aquarium jede Einzelheit erkennen läßt.

Für nicht wenige liegt der Reiz des Tauchens in der Beobachtung der überwältigend vielfältigen Flora und Fauna der Meere oder auch in der Erwartung aufregender Abenteuer. Dann gibt es sachliche wie auch unterschwellige Motivationen. Zunächst ist das Tauchen in Anlehnung an das Schwimmen eine echte sportliche Betätigung. Diese erfordert zwar keine Höchstleistungen (Ausnahme: Wettkämpfe), bedingt aber Training zum Erwerb und zur Erhaltung von Kondition und Gewandtheit. Unterschwellig gehört dazu sicher auch der Reiz des Risikos.

Tauchen ist ein außergewöhnlicher Sport. Einordnen kann man ihn in die Gruppe der Sportarten Bergsteigen, Fliegen oder Fallschirmspringen, die sich in einem Umfeld abspielen, in welchem der Mensch nicht zu Hause ist, wo Verhaltensfehler daher gefährliche Folgen haben können.

Tauchen ist kein risikoloser Sport. Niemand kann und kaum jemand möchte ihn völlig gefahrlos betreiben. Zur Faszination am Tauchen gehört eben auch das Gefühl, etwas zu tun, was nicht jeder kann und wagt. In ein dem Menschen fremdes Medium einzudringen, vielleicht 30 oder 40 m Wasser über sich zu wissen, bleibt bei aller Popularität des Tauchsports relativ wenigen Leuten vorbehalten.

Dennoch ist Tauchen kein unverhältnismäßig gefährlicher Sport. Wie auch in anderen Sportarten liegt das eigentliche Problem in der menschlichen Unzulänglichkeit. Etwa 95 Prozent aller Unfälle beruhen auf ‹menschlichem Versagen›. Hier wurde gravierend gegen unumstößliche physikalische Gesetze oder gegen bewährte Sicherheitsmaßnahmen verstoßen.

Zur Geschichte des Tauchens und Schnorchelns

Versuche des Menschen, in das Meer einzudringen, um ihm Geheimnisse zu entlocken und Schätze zu entreißen, sind bereits vor langer Zeit begonnen worden. Schon vor 2000 Jahren suchten griechische Schwamm- und Korallenfischer auf dem Meeresgrund ihre Beute. Berichtet wird auch von römischen und griechischen Kampftauchern.

Bereits seit Hunderten von Jahren betätigen sich die Eingeborenen der Südseeinseln unter Wasser als Speerfischer. Berühmt geworden sind die japanischen Perltaucherinnen, die aus Tiefen von 20 bis 30 m die Perlmuscheln heraufholen und mit dem Erlös den Lebensunterhalt der Familie sichern.

Jahrhunderte ist es auch her, als man vereinzelt begann, Männer in *Taucherglocken* in die Tiefe zu schicken. Dies sind große, an der Unterseite offene Gehäuse. In ihnen konnte sich ein Mann aufhalten und in der eingeschlossenen Luft atmen. Das Ganze wurde, entsprechend beschwert, an einem Seil in die See versenkt. Am Grund verließ der Taucher die Glocke, um kurzfristig Arbeiten in der Nähe auszuführen. War die Glocke ohne Luftversorgung von oben, dann konnten nur sehr geringe Tiefen aufgesucht werden, da der zunehmende Druck das Wasser in die Glocke drückte und bereits in 10 m Tiefe das Luftvolumen auf die Hälfte reduziert war. Anlaß für solche mehr oder weniger erfolgreichen Versuche waren meist die Schätze gesunkener Schiffe.

Sank ein Schiff und war seine Lage von der Wasseroberfläche her noch auszumachen, schickte man eine ganze Truppe von Nackttauchern hinunter. Diese erreichten ohne Tauchmaske und Flossen erstaunliche Tauchzeiten und Tiefen. Berichte sprechen von 2 Min. in 30 m! Durch ihren Einsatz gelang es relativ oft, wertvolle Ladung zu bergen.

Einen Sprung in der Entwicklung der Taucherei nach vorn gab es 1819, als der Deutsche Siebe den geschlossenen, elastischen Taucheranzug mit Kupferhelm erfand. Dies war die eigentliche Geburtsstunde des *Helmtauchers*. Mit der bereits praktizierten Luftzufuhr durch Schlauch

und Pumpe von oben ergaben sich große Möglichkeiten in bezug auf
Tiefe, Dauer und Schwere des Einsatzes. Da aber das Phänomen der
Stickstofflösung im Blut nicht oder nur ungenügend bekannt war, kam
es zu vielen schweren *Caisson-Unfällen*, die die Taucher zu Krüppeln
machten bzw. mit deren Tod endeten. Furchtbar endeten Tauchabstie-
ge auch, wenn der Luftschlauch an Bord oder in der Nähe der Wasseroberfläche brach: Der Luftüberdruck entwich aus dem Schlauch. Da
die verwendeten Helme damals noch kein Rückschlagventil zur
Schlauchverbindung besaßen, entstand sofort ein relativer Unterdruck.
Entsprechend dem umgebenden Wasserdruck wurde der Körper des
Tauchers mit vielen Tonnen Kraft in den Helm hineingequetscht. – Mit
ständig verbesserter Helmtaucherausrüstung dominierte diese Art des
Tauchens bis etwa 1950.

Das eigentliche *Sporttauchen* begann etwa 1930 in Frankreich. Heute
sehr bekannte Männer wie Corlieu, Cousteau, Dumas und Taillez
begannen damals mit behelfsmäßig angefertigten Flossen nach einer
Idee Corlieus und mit Tauchermasken, aber noch ohne Atemgerät, die
Küsten auf- und abzutauchen. Fasziniert von ihren neuen Möglichkeiten und Erlebnissen, schlossen sich diese Pioniere einige Jahre später zu
einer Gruppe zusammen. Bahnbrechend war 1926 die Erfindung des
Franzosen Le Prieur. Er entwickelte ein Reduzierventil, setzte es auf
einen mit 150 bar Preßluft gefüllten Stahlbehälter und tauchte damit an
flachen Stellen der Küste. 1943 gelang Cousteau zusammen mit dem
Ingenieur Gagnan die Konstruktion des ersten *Lungenautomaten* für
Preßluftflaschen. Dies war die entscheidende Wende. Das freie Tauchen (Schwimmtauchen) konnte sich weltweit verbreiten.

Etwa 1935 begann Hans Hass das Tauchen mit Flossen und Maske an
der französischen Mittelmeerküste. Anfang der vierziger Jahre tauchte
Hass ebenfalls mit Atemgeräten, und zwar mit den gefährlichen Sauer-
stoff-Kreislaufgeräten. Er machte das Tauchen durch seine Expeditio-
nen, Bücher und aufsehenerregenden Filme gerade im deutschsprachi-
gen Raum populär und gilt, wie auch die Franzosen um Cousteau, als
Pionier des Sporttauchens.

Am Anfang des Sporttauchens galten fast alle Aktivitäten der Unter-
wasserjagd. Allmählich entwickelten sich aber andere Tätigkeiten wie
Fotografie und Film. Gleichzeitig stieg (und steigt) das Umweltbewußt-
sein. So kam es glücklicherweise dazu, daß die UW-Jagd heute in vielen
Ländern der Erde, auch in Deutschland, verboten ist.

Das Sporttauchen ist schon seit einigen Jahren aus den Kinderschuhen
heraus. Eine immer bessere Ausrüstung und Ausbildung machen die
Ausübung dieses Sports relativ sicher. Weltweit wird heute geschnorchelt und getaucht, und in einigen Ländern wie den USA ist daraus
schon fast ein Volkssport geworden.

Voraussetzungen und Möglichkeiten zum Erlernen

Tauchen lernen heute Mädchen und Jungen, Frauen und Männer zwischen acht und fünfzig Jahren. In Kursen und Schulen ist oft ein Mindestalter zwischen vierzehn und sechzehn Jahren festgelegt. Tauchen ist kein Kraftsport. Die Fähigkeit, Ruhe zu bewahren, die Bereitschaft, das Denken und Beobachten selbst zu übernehmen und nicht nur Partnern zu überlassen, sind wichtige Voraussetzungen. Grundbedingung ist die Fähigkeit des *Schwimmens*. Wer sicher schwimmt, beherrscht nicht nur die Bewegung im Wasser. Er besitzt sehr wahrscheinlich auch die nötige Vertrautheit mit dem Element, um ohne blockierende Angst in die Tiefe eindringen zu können. Vor dem Tauchkurs ist der Besuch beim Arzt anzuraten. Vor allem Herz, Kreislauf und Ohren müssen gesund sein. Augen-, Nieren- und Bronchialerkrankungen schränken die Tauchtauglichkeit ebenfalls stark ein. Hat der Arzt keine Bedenken, dann stellt er eine Tauchunbedenklichkeits-Bescheinigung aus. Diese wird jeder verantwortungsbewußte Tauchlehrer vor dem Kurs sehen wollen. Bereitschaft wird vom Schüler erwartet in bezug auf Kooperation mit der Gruppe, Erlernen der notwendigen Theorie, Befolgung der Anweisungen der Tauchausbilder. Toleranz bei notwendigen Abweichungen vom Programm gerade beim Unterricht am Meer ist notwendig; konstruktive Kritik ist keineswegs unerwünscht.

Die Möglichkeiten, das Tauchen zu erlernen, sind heute zahlreich. Grundsätzlich unterscheiden kann man zwischen der Ausbildung in einer Tauchschule am Meer oder in einem Tauchclub in der Stadt. Eine *Tauchschule* bietet die Möglichkeit, die Ausbildung mit dem gesuchten Urlaubserlebnis zu verbinden. *Tauchclubs* dagegen veranstalten in aller Regel eine Schulung, die sich auf die Vermittlung der Fertigkeiten und Kenntnisse konzentriert, meist im Schwimmbad stattfindet und daher weniger Taucherlebnisse beinhaltet. Dafür ist solch ein Kurs oft wesentlich preisgünstiger und nicht so sehr zeitgebunden. – Anschriften von Schulen und Clubs sind im Anhang ersichtlich. Tauchschulen am Meer zeichnen sich vor allem aus durch: Personal: Es gibt die ‹selbsternannten› und die von nationalen Verbänden geprüften Tauchlehrer. Daß weniger qualifizierte Kräfte eher in der erstgenannten Gruppe zu finden sind, dürfte einleuchten. Technische Ausstattung: Größere Schulen, zum Beispiel am Mittelmeer, verfügen über Ausrüstungen in genügender Anzahl einschließlich der Tauchanzüge. Mindestens ein großes seetüchtiges Boot ist erforderlich. Ein großes Plus ist eine *Dekompressionskammer*. Das ist ein Gerät, in dem ein nach zu schnellem Aufstieg verunfallter Taucher wieder unter Druck gesetzt und behandelt wird.

Getaucht wird meist in Gruppen von zwei bis vier Schülern. Ein Ausbilder, der mit fünf oder mehr Anfängern im freien Wasser taucht, handelt leichtfertig.

Viel Erfolg haben oft jene Schulen, die sich nicht nur um die Taucherei kümmern, sondern sich auch nach dem Tauchen für den Gast interessieren.

Meist wird in Deutschland der Kurs eines Taucherclubs im Schwimmbad beginnen, ideal vor allem für Beginner.

Klären sollte man vor der Anmeldung:

Hat der Verein vom Verband geprüfte *Moniteure*, also Tauchausbilder?

Ist das Bad wenigstens 3 m tief?

Steht eine abgeteilte Bahn des Bads zur Verfügung, so daß der praktische Unterricht ungestört von anderen Schwimmern oder Tauchern vor sich geht?

Besteht die Möglichkeit zur weiteren Ausbildung im Freiwasser?

Für einen Tauchkurs sollten mindestens acht Stunden Praxis, einhergehend mit der gleichen Stundenzahl intensiven theoretischen Unterrichts, angesetzt werden.

Ein Moniteur sollte bei der Hallenausbildung nicht mehr als sechs Schüler betreuen.

Physikalische Gesetze

In diesem Kapitel geht es um die Vermittlung der Kenntnisse über die Vorgänge, die bei jedem Tauchversuch wirksam werden und deren Beachtung für das sichere Tauchen mit Flossen, Maske, Schnorchel (ABC-Ausrüstung) wichtig ist.

Tauchen ist nur dann ein gefährlicher Sport, wenn der Ausübende keine Kenntnisse der Physiologie besitzt und/oder beim praktischen Tauchen glaubt, sich über Regeln und physikalische Gesetzmäßigkeiten hinwegsetzen zu können.

Die Kraft des Wasserdrucks übersteigt jede Vorstellung. Dennoch kann seine gefährliche Wirkung auf den Körper erst dann einsetzen, wenn der Mensch, bewußt oder unbewußt, die einfache Formel ignoriert: Druck fordert entsprechenden Gegendruck.

Druckdifferenzen beim Ab- und Auftauchen, die auf den Körper wirken, ergeben die meisten Probleme. Diese Druckdifferenzen sind nur deshalb möglich, weil es in unserem Körper luftgefüllte Hohlräume gibt. Luft ist ein Gasgemisch. Und darin liegt das Kernproblem. Denn

Gase sind kompressibel, also zusammenpreßbar. Beim Tauchen haben
wir es also mit dem inkompressiblen (druckfesten) Wasser auf der
einen und der kompressiblen Luft auf der anderen Seite zu tun.
Druck ist die Kraft einer Last, die auf eine Fläche wirkt. Wir messen
den Druck in *bar*; das ist eine meteorologische Druckeinheit. 1 bar ist
gleich der Last von 1,01972 Kilopond (kp) auf einer Fläche von 1 cm².
Der Einfachheit wegen rechnen wir: 1 bar = 1 kp pro cm².
Wichtig ist bei allen Überlegungen und Berechnungen im Zusammenhang mit dem Tauchen die Tatsache, daß, in Meeresspiegelhöhe ge-
messen, die über uns befindliche Luftsäule bereits einen Druck von 1
bar ausübt. Diesem erheblichen Druck sind wir als Erdbewohner ständig ausgesetzt. Wir spüren ihn nicht, da dieser Druck allseitig wirkt und
im Inneren unseres Körpers ein Druckausgleich herrscht. Spürbar wird
dagegen eine Druckänderung, wenn sie relativ rasch erfolgt. Das trifft
über Wasser zum Beispiel bei Autofahrten im Gebirge oder bei Benutzung eines Flugzeugs zu. Auswirkungen sind: Schmerzen im Ohrbereich, wenn der veränderte, auf dem Trommelfell lastende Luftdruck
nicht mit dem im Mittelohr herrschenden Druck ausgeglichen wird.
Für den Taucher bedeutet der Ab- und Aufstieg im Wasser eine sehr
starke Druckveränderung innerhalb weniger Meter und damit auch oft
innerhalb weniger Sekunden. Wasser hat die circa 800fache Dichte von
Luft. Ein Würfel von 1 cm³ Süßwasser wiegt 1 g. Eine Wassersäule von
10 m Höhe und 1 cm² Querschnitt ergibt 1000 cm³ (= 1 Liter) und
damit 1 kp Last auf einen Quadratzentimeter. Die Gleichung lautet
1 kp Last pro cm² = 1 bar. Damit erhöht sich also der Wasserdruck pro
10 m Tiefe um 1 bar.
Wie hoch ist nun der absolute Druck in einer bestimmten Tiefe? – Die
Wasseroberfläche ist bereits dem Luftdruck von 1 bar ausgesetzt. Der
Wasserdruck ist daher in jeder beliebigen Tiefe praktisch mit 1 bar
vorbelastet, also um 1 bar höher. So erklärt sich die folgende Tabelle.
Bei dieser Tabelle fällt auf, daß sich die schnellste Druckveränderung
innerhalb der ersten 10 m abspielt.
Also: Verdoppelung des Drucks in 10 m Wassertiefe.
Nächste Verdoppelung des Drucks in 30 m Wassertiefe.
Danach   Verdoppelung des Drucks in 70 m Wassertiefe usw.
In entsprechender Relation vollzieht sich die Druckabnahme. (Die
Druckabnahme ist bezüglich denkbarer Schädigungen beim Sporttau-
chen gefährlicher als der Druckanstieg.)
Merke: Die Zone von 0 bis 10 bzw. 10 bis 0 m ist der Bereich, in dem die
Nichtbeachtung der physikalischen Gesetze am ehesten zu Schädigun-
gen durch Druckdifferenzen führt. Diese Schädigungen nennt man
Barotraumen.
Bei der Wirkung des Wasserdrucks auf unseren Körper müssen wir

Wassertiefe	Druck in bar	
0 m (Oberfläche)	1 bar	(Innerhalb der Zone 0 bis 10
1 m	1,1 bar	m Verdoppelung bzw. Hal-
5 m	1,5 bar	bierung des Drucks = ge-
10 m	2 bar	fährlichste Zone)
15 m	2,5 bar	
20 m	3 bar	
30 m	4 bar	
40 m	5 bar	
50 m	6 bar	
60 m	7 bar	
70 m	8 bar	

unterscheiden zwischen der direkten (Sofort-)Wirkung und der indirekten Wirkung des Drucks auf dem Umweg über die Löslichkeit von Gasen im Blut. Letzteres werden wir in einem späteren Kapitel untersuchen.

Um diese direkten Auswirkungen des Wasserdrucks bzw. die daraus folgenden notwendigen Konsequenzen besser zu verstehen, wenden wir uns zunächst der Gesetzmäßigkeit der *Kompressibilität* von Gasen zu. Es ist nämlich durchaus berechenbar:

1. Wie weit die Atemluft unter ansteigendem und abfallendem Umgebungsdruck zusammengepreßt (komprimiert) und ausgedehnt (expandiert) wird, also wie weit sich das Luftvolumen verändert.
2. Wie weit der Druck der Luft erhöht oder gesenkt werden muß, um eben die unter (1) beschriebene Volumenänderung zu vermeiden.

Das *Boyle-Mariottesche Gesetz* erklärt die Gesetzmäßigkeit der Beziehung zwischen Druck und Gasvolumen so:

Bei gleichbleibender Temperatur verhält sich das Volumen eines Gases im umgekehrten Verhältnis zu seinem Druck.

In einer Formel ausgedrückt:

$p \cdot V = \text{constant}$ oder $p_1 \cdot V_1 = p_2 \cdot V_2$

(p = Druck, V = Volumen)

Das Produkt aus den Werten Volumen und Druck ist immer gleich.

Beispiele: Ein an der Wasseroberfläche mit Luft gefüllter Ballon (unserer Lunge vergleichbar) hat eine Größe bzw. ein Volumen von 6 l. Ein Taucher bringt ihn auf 10 m Tiefe. Ergebnis: Durch den dort herrschenden Umgebungsdruck von 2 bar wird der Ballon bzw. sein Gas auf eine Größe von 3 l komprimiert.

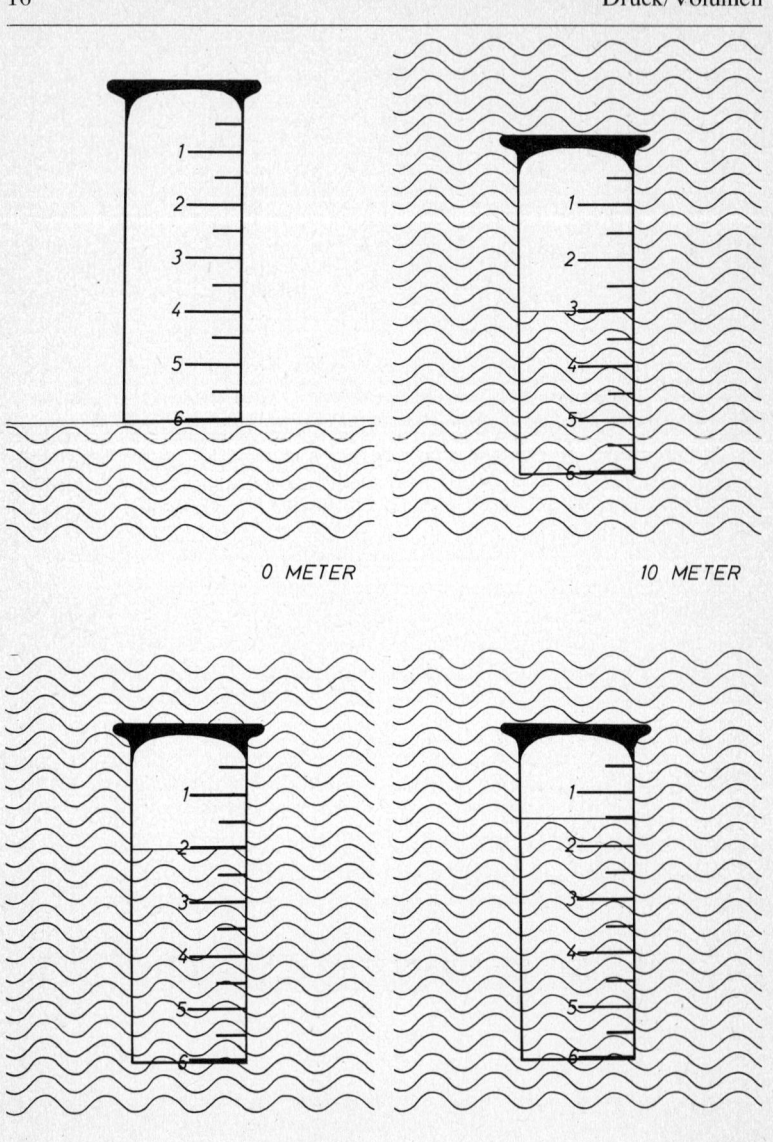

0 METER   10 METER

20 METER   30 METER

Wie ist das Volumen dieses Ballons nun in 20, 30 m Tiefe? Das errechnet sich so:

Anfangs- volumen	Tiefe	Druck	(Rechen- vorgang)	neues Volumen	Immer kon- stant p mal V
6 l	0 m	1 bar	6 l : 1 bar =	6 l	1 mal 6 = 6
6 l	10 m	2 bar	6 l : 2 bar =	3 l	2 mal 3 = 6
6 l	20 m	3 bar	6 l : 3 bar =	2 l	3 mal 2 = 6
6 l	30 m	4 bar	6 l : 4 bar =	1,5 l	4 mal 1,5 = 6
usw.					

Dieses Beispiel soll die Beeinflussung unseres Lungenvolumens beim Abtauchen verdeutlichen, wenn dabei kein Atemgerät benutzt wird.

Wenn nun aber unter allen Umständen eine Volumenabnahme des Ballons beim Tiefergehen vermieden werden soll, dann müßte der Taucher aus einer mitgeführten Preßluftflasche laufend dem Ballon etwas Luft zuführen. Damit der Ballon in 10 m Tiefe noch die gleiche Größe wie an der Oberfläche hat, müssen ihm bis zum Erreichen dieser Tiefe 6 l Luft entsprechend 1 bar Druck aus der Flasche zugegeben werden. Würde man diesen Versuch mit einem außerordentlich fein dosierenden Handventil an der Preßluftflasche steuern, dann müßte dieses Ventil mit zunehmender Tiefe immer weiter geöffnet werden. Denn die aus dem Ventil austretende Luft kann sich nur so weit ausdehnen, wie der Umgebungsdruck dies zuläßt. Je höher der Druck, desto kleiner ist das Volumen der ausströmenden Luft.

Dieser Versuch entspricht der Versorgung unserer Lunge bei Benutzung eines *Atemgeräts*. Gleichzeitig wird klar, wie sehr der Luftverbrauch und damit die Benutzungsdauer eines Atemgeräts allein schon von der aufgesuchten Wassertiefe abhängt.

Bei flexiblen Körpern ist der Druck des eingeschlossenen Gases gleich dem Umgebungsdruck. Das bedeutet gleichzeitig, daß sich das Gas bei nachlassendem Umgebungsdruck ausdehnen wird. Auf unsere Lunge bezogen heißt das: Nach Atmung, und sei es nur ein einziger Atemzug aus einem Tauchgerät, niemals mit angehaltenem Atem aufsteigen!

Das hydrostatische Gleichgewicht

Das *archimedische Prinzip* besagt: Beim Eintauchen in eine Flüssigkeit verliert ein Körper so viel an Gewicht, wie die von ihm verdrängte Flüssigkeit wiegt.

Auf das Tauchen bezogen heißt das: Das spezifische Gewicht von

Wasser ist *1*. Das (durchschnitts-)spezifische Gewicht des menschlichen Körpers, also Blut, Gewebe, Knochen, Fett, Lufthohlräume insgesamt gesehen ist gleichfalls *1*. Tatsächlich hat ein 75 kg schwerer unbekleideter Mann ein Volumen von 75 l, der somit im Wasser 75 l verdrängt und dadurch 75 kg Auftrieb erfährt. Das führt bei einer bestimmten Stufe der Einatmung zur absoluten Schwerelosigkeit. – Taucher sprechen vom *hydrostatischen Gleichgewicht*.

Störungen des hydrostatischen Gleichgewichts

Die vom Sporttaucher angestrebte, in manchen Situationen aber gar nicht zweckmäßige Schwerelosigkeit ist ein Idealfall. Sie ist, über den Verlauf eines Tauchvorgangs gesehen, bestimmten Beeinflussungen und Veränderungen ausgesetzt. Das hat drei Ursachen:

1. Volumenänderung des Tauchers

Deutlich spürbar wird sie

● bei bewußter Ein- oder Ausatmung während des Tauchens mit dem Preßlufttauchgerät (PTG). Dieser Effekt wird von erfahrenen Tauchern durchaus vorteilhaft angewendet zur Steuerung des Auftriebs.

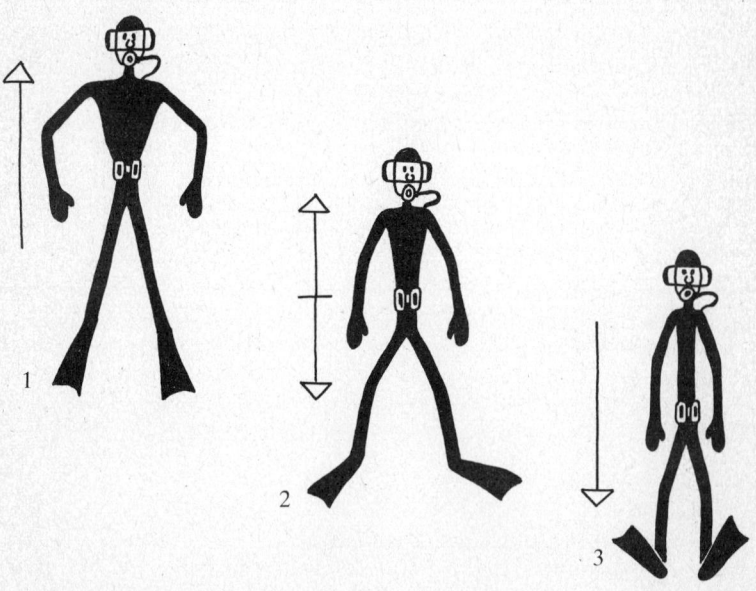

1: Tiefe Einatmung = positiver Auftrieb = Steigen
2: Bei einer bestimmten Stufe der Einatmung = hydrostatisches Gleichgewicht
   = Schwebezustand
3: Ausatmung = negativer Auftrieb = Sinken

- bei Verwendung des Naßtauchanzugs. Sein Material ist kompressibel. Das bedeutet: Je tiefer ich tauche, desto geringer wird die Anzugstärke, desto geringer auch das Volumen und damit der Auftrieb bei gleichbleibendem Gewicht.
- beim Tauchen ohne PTG, also mit angehaltenem Atem. Durch Zusammenpressung des Lungen-Brustraums kommt es zum Volumenverlust.

In der Praxis hat das folgende Auswirkungen: Ein Taucher ohne Anzug und ohne PTG hat in eingeatmeten Zustand an der Oberfläche *positiven* Auftrieb, er sinkt nicht ab. Bereits in etwa 6 bis 8 m Tiefe erfolgt der Übergang zum *negativen* Auftrieb; der Taucher beginnt ohne eigenes Zutun zu sinken. Wird nun mit Naßtauchanzug, aber ohne PTG getaucht, dann ergibt sich, grob gerechnet, eine Verdoppelung des Volumenverlusts.

Dadurch kann es zu gefährlichen Situationen kommen, wenn man tiefer als 10 m tauchend und für die Tiefe mit zuviel Blei austariert, zunächst den ‹freien Fall› genießt, dann aber den anstrengenden Aufstieg mit viel Ballast und wenig Luft antreten muß.

2. Gewichtsänderung des Tauchers (exakter: der Tauchausrüstung)
Hier ist das Tauchen mit PTG angesprochen. Ein Preßlufttauchgerät normaler Größe enthält circa 2000 l Luft. Das Gewicht dieser Luftmenge beträgt fast 3 kg. Wird die Flasche leergeatmet, erhöht sich der Auftrieb des Tauchers entsprechend, da sein Volumen ja gleichbleibt.

3. Gewichtsveränderung des Wassers
Hier ist nicht die Dichte- bzw. Gewichtszunahme des Wassers in der Tiefe aufgrund der geringeren Temperatur gemeint (Volumenänderungen spielen beim Tieftauchen eine viel wichtigere Rolle). Dagegen ist der Wechsel des Tauchgewässers in jedem Fall eine Überlegung hinsichtlich der optimalen Betückung des Bleigürtels wert. So hat stark salzhaltiges Wasser ein deutlich höheres spezifisches Gewicht als Süßwasser. Der Auftrieb im Salzwasser ist größer, der Taucher braucht mehr Blei. Der Unterschied kann je nach den Gegebenheiten (Salzgehalt, Gewicht des Tauchers, Anzugstärke) 2 bis 3 kg betragen.

Tauchmedizinische Hinweise

Sofortwirkungen ergeben sich durch Druckdifferenzen auf Körperteile und Organe, die mit unserem Atemsystem in Verbindung stehen.

- Die Lunge
Die Lunge ist das Organ, das den eingeatmeten Sauerstoff in gelöster Form in den Blutkreislauf einbringt. Sie besteht aus zwei Lungenflü-

geln, die in Lappen und Läppchen und schließlich in Millionen von
Bläschen (Alveolen) enden. Das Gesamtvolumen einer Lunge errechnet sich aus:

  Restvolumen (nach maximaler Ausatmung noch verbleibende Luftmenge),

  Vitalkapazität (nach maximaler Einatmung maximal auszuatmende
  Luftmenge) und

  Totraum (Luft in Atemwegen, die nicht direkt am Gasaustausch
  beteiligt ist).

Die Vitalkapazität eines gut trainierten Sportlers liegt zwischen 5 und
6,5 l.

Tieftauchen ohne Atemgerät
Durch den beim Abtauchen steigenden Umgebungsdruck wird der
Brustkorb aufgrund seiner flexiblen Beschaffenheit und der Lunge
zusammengepreßt. Das geschieht zunächst völlig unbemerkt. Entsprechend dem Boyle-Mariotteschen Gesetz nimmt dabei das Lungenvolumen ab. Automatisch ist damit auch Druckgleichheit gewährleistet, so
daß wir Tauchmaske und Mittelohr mit Druckluft versorgen können.
Diesem Vorgang sind Grenzen gesetzt. Ist die Lunge so weit zusammengepreßt, daß das Minimalvolumen, bestehend aus Restvolumen
und Totraum, erreicht ist, dann beginnt der allmähliche Übergang in
den Zustand des relativen Unterdrucks. Folge: Das unter Umgebungsdruck stehende Blut wird verstärkt in das Lungengewebe gepreßt; Herz
und Herzmuskel werden durch das Abpumpen der großen Blutmenge
stark beansprucht.

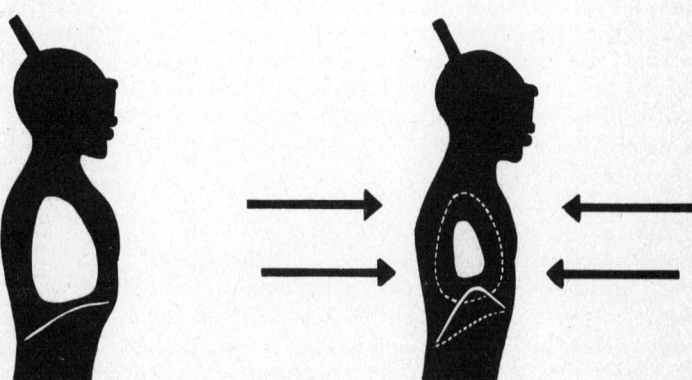

Grenze beim Tieftauchen ohne Preßlufttauchgerät
In vielen Tauchsportbüchern taucht immer wieder die Formel auf, nach
der aus der Größe von Vitalkapazität und Minimalvolumen der Lunge
die persönliche Tiefengrenze ablesbar sein soll. Solche Berechnungen
haben leider nur theoretischen Wert. Wir können sie uns hier ersparen.
«Die tödliche Schranke liegt zwischen 30 bis 40 m Tiefe.» Das war vor
wenigen Jahren noch die Meinung der Tauchmediziner. Dann kamen
zwei heute berühmte Männer: der Italiener Enzo Majorca und der
Franzose Jaques Mayol. In jahrelangem Wettstreit überboten sie sich
und ihre eigenen Rekorde und haben inzwischen die 100-m-Marke
überschritten. Damit ist der Beweis erbracht, daß es, zumindest nach
entsprechendem Training, weitere Kompensationsfaktoren geben
muß, die medizinisch noch nicht eindeutig geklärt sind.

Tauchen mit Preßlufttauchgerät
Ein Preßlufttauchgerät ermöglicht die problemlose Atmung in jeder
noch zulässigen Tiefe – sowohl in bezug auf die zur Verfügung stehende
Luftmenge wie auch auf die jeweils erforderliche Dichte. Diese wird
reguliert vom *Lungenautomaten*. Er ist sozusagen das Herzstück eines
Tauchgeräts. Der Lungenautomat regelt die unter Hochdruck stehende
Luft auf den jeweiligen Umgebungsdruck herunter. Nur so ist eine
gefahrlose Atmung bei gleichzeitig minimalem Ein- und Ausatemwiderstand möglich.
Von kleinen Schwankungen abgesehen, bewegt sich so das Volumen
der Lunge in der gleichen Größenordnung wie bei der normalen Atmung über Wasser. Das setzt allerdings während des Ab- und Aufstiegs
eine regelmäßige Ein- und Ausatmung voraus. Und hier liegt dann
auch das Kriterium des Tauchens mit PTG: die Gefahr des *Lungen-
überdruckunfalls* (Lungenüberdruck-Barotrauma) beim Aufstieg.
Aus Unkenntnis, durch Panik oder hohe Aufstiegsgeschwindigkeit
wird die Ausatmung vernachlässigt bzw. ganz eingestellt. Durch den
nachlassenden Wasserdruck dehnt sich dann die Luft in der gefüllten
Lunge aus. Bei Überschreitung einer bestimmten Druckdifferenz
kommt es zum Zerreißen der Lungenbläschen, und Luft tritt in den
Blutkreislauf ein. Eine Luftembolie wird die Folge sein. Bei Blockie-
rung der Stimmritze (Stimmritzenkrampf) durch Einatmen von Wasser
wird das Ausatmen sogar ganz verhindert. Dann kann es durch die
Expansion der Luft zu einem Lungenriß kommen.
Symptome des Lungenüberdruck-Barotraumas sind: starke Schmerzen
im Brustkorb, flache Atmung, blutiger Schaum im Mund.
Eine Behandlung im Krankenhaus ist notwendig, besser jedoch in der
Druckkammer, um in die Blutbahn geratene Luftbläschen aufzulösen.
Vorbeugend muß deshalb alles getan werden, um diese gefährliche

Unfallursache auszuschließen. Tauchschüler müssen immer auf die Wichtigkeit der Ausatmung beim Auftauchen hingewiesen werden.

Gefährlich sind gerade die Situationen, die bei oberflächlicher Betrachtung harmlos erscheinen: Ein Taucher legt sein PTG in 4 m Tiefe ab, steigt auf und glaubt aufgrund der kurzen Distanz, er brauche nicht auszuatmen. Oder ein Schorcheltaucher geht auf 6 m Tiefe, tankt dort bei seinem mit Gerät tauchenden Freund einen Atemzug Luft und vergißt beim Aufstieg die Ausatmung. Gefährlich erst recht deshalb, weil wir ja in der Zone 10 bis 0 m den relativ größten Druckabfall haben. – Im übrigen spürt ein Taucher, der sich in der Kontrolle hat, jeden leichten Druckanstieg in der Lunge sofort.

● Die Ohren

Die Ohren, genauer gesagt ihre Trommelfelle, sind die einzigen Organe, die uns den gewaltigen Druckanstieg beim Abtauchen körperlich spürbar werden lassen.

Das Wasser dringt durch den Gehörgang unmittelbar bis an das Trommelfell vor. Beim Abtauchen preßt das Wasser gegen diese Membrane. Da vom luftgefüllten Mittelohr her (noch) der Gegendruck fehlt, wölbt sich entsprechend der Druckdifferenz das Trommelfell nach innen. Es kommt zu Schmerzen.

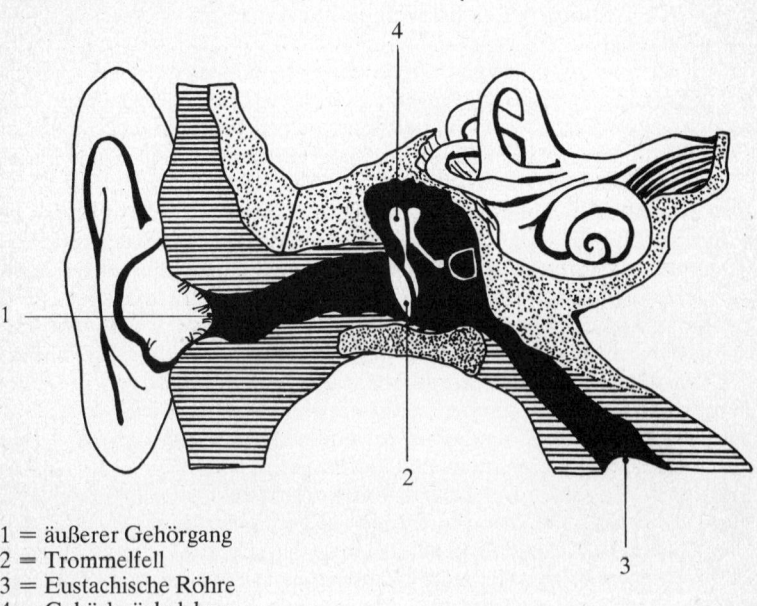

1 = äußerer Gehörgang
2 = Trommelfell
3 = Eustachische Röhre
4 = Gehörknöchelchen

Druckausgleich als Abhilfe: Die *Eustachische Röhre* verbindet den (unter Umgebungsdruck stehenden) Mundraum mit dem Mittelohr. Da sie mit Schleimhäuten ausgekleidet ist, die mehr oder weniger eng aneinander liegen, ist die Durchlässigkeit zum Mittelohr nicht automatisch gegeben. Die zum Druckausgleich erforderliche Luftmenge muß mittels bestimmter Manipulationen durch die Eustachische Röhre gepreßt werden.

Möglichkeit a): Luftpressung im Mund-Nasen-Raum. Dazu verschließt man mit zwei Fingern die Nasenöffnung und preßt die angehaltene Atemluft in den Nasenraum. Durch diesen Stau bahnt sich die Luft ihren Weg durch die Eustachische Röhre.

Möglichkeit b): Eine sicher elegantere Methode, die aber nur wenigen Tauchern gelingt, sind mehrfache Schluckbewegungen. Durch sie erfolgt eine Dehnung der Eustachischen Röhre im Bereich ihrer Mündung.

Durch den Druckausgleich baut sich ein Luftpolster auf, welches das Trommelfell gegen den Wasserdruck wieder in die normale Position drückt. Begleitet wird der Vorgang von knackenden, zischenden Empfindungen. Der Schmerz ist weg, die Hörfähigkeit kommt wieder.

In der Praxis ist es sehr wichtig, daß man den Druckausgleich bereits an der Wasseroberfläche beginnt. Wartet man, bis der Schmerz anfängt, kann es für den technischen Vollzug schon zu spät sein, wenn zum Beispiel die Schleimhäute der Eustachischen Röhre durch die Druckdifferenz zusammengepreßt wurden. In solch einem Fall muß der Taucher erst wieder einige Meter aufsteigen.

Der Ausgleich selbst muß beim Abstieg laufend wiederholt werden. Beim Aufstieg entweicht dann die Luft automatisch aus dem Bereich des Mittelohrs.

Folgen bei Nichtbeachtung des Druckausgleichs sind: Es kommt zu einer Gewebsschädigung durch den relativen Unterdruck (Unterdruck-Barotrauma) im Mittelohr bzw. in der Paukenhöhle. Diese ist mit empfindlichen Schleimhäuten ausgekleidet. Es entsteht eine *Hyperämie*, eine Blutüberfüllung in den Gefäßen. Blut und Gewebsflüssigkeit treten dabei aus und füllen den Hohlraum so lange, bis Druckausgleich herrscht. Taucht man auf, tritt das Blut durch die Nase aus und sammelt sich in der Tauchmaske. Im ungünstigen Fall blockieren die Schleimhäute den Austritt der Flüssigkeit. Durch den Aufstieg kommt es zu einem relativen Überdruck im Mittelohr, der starke Schmerzen erzeugen kann. Wenn diese anhalten, muß der Arzt eingreifen.

Bei sehr starker Überdehnung der Trommelfelle kommt es unweigerlich zum *Trommelfellriß*. Wasser dringt ins Mittelohr ein. Bei starker Temperaturdifferenz wird das im Ohr befindliche Gleichgewichtsorgan

in seiner Funktion gestört. Schwindelgefühl und Verlust des Orientierungssinns sind die Folgen – für den Taucher eine gefährliche Situation. Der Druckausgleich im Mittelohr ist ein bewußt zu steuernder Vorgang. Während des ganzen Tauchgangs muß ihm die nötige Beachtung zukommen. Nie erst dann mit dem Ausgleich beginnen, wenn schon Schmerzen eingetreten sind!
Auch der Druckausgleich ist Trainingssache. Üben kann man ihn überall in allen möglichen Situationen. Und wenn es beim Tauchen gar nicht klappt, dann ist häufig eine Erkältung die Ursache. In solch einem Fall muß auf das Tauchen verzichtet werden. Notfalls hilft ein schleimhautverengendes Nasenspray. Doch Vorsicht bei Dauererkältungen! Bei Langzeitanwendung dieser Mittel kommt es allmählich zu einer gegenteiligen Wirkung.

● Nasennebenhöhlen
Gemeint sind die Stirnhöhlen, Kieferhöhlen, Siebbeinzellen und das Keilbein. Hier ist wie bei Lunge und Mittelohr Druckausgleich nötig.
Die Belüftung der Höhlen mit der unter Umgebungsdruck stehenden Luft aus unserem Atemsystem erfolgt unabhängig von unserem willentlichen Einfluß.
Barotraumen sind dennoch möglich. Bei Erkältung schwellen die mit Schleimhäuten versehenen Verbindungen zu. Der sich bildende relative Unterdruck läßt Gewebsflüssigkeit austreten. Allerdings sind die Schmerzen bei diesem Vorgang derart heftig, daß der Tauchversuch

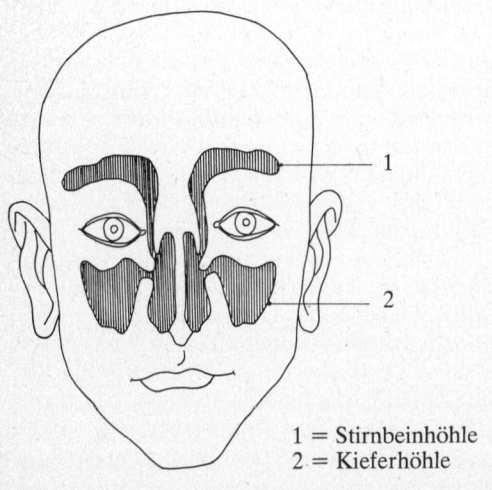

1 = Stirnbeinhöhle
2 = Kieferhöhle

bereits in 1 bis 2 m Tiefe abrupt abgebrochen wird. Beim Auftauchen vergehen diese Schmerzen spurlos. – Dieses Druckausgleichsproblem tritt aber bei Sporttauchern nur selten in Erscheinung.

● Barotraumen im Zahnbereich
Durch Risse oder schlecht angepaßte Zahnplomben tritt Luft unter Überdruck in Hohlräume ein. Beim Auftauchen kann es zu einem ‹Rückschlagventil-Effekt› kommen. Dadurch wird die Luft in den Hohlräumen zurückgehalten und verursacht nun durch ihren entstehenden Überdruck Schmerzen bzw. Herausfallen der Plombe. Die Wahrscheinlichkeit eines solchen ‹Unfalls› ist aber denkbar gering. Dennoch empfiehlt sich ein vorbeugender Besuch beim Zahnarzt.

● Barotraumen im Augenbereich
Beim Abtauchen wird die *Tauchmaske* durch den Wasserdruck auf das Gesicht gepreßt. Erreicht dabei die Flexibilität der Maske ihre Grenze, so daß sie nicht dichter an das Gesicht herangedrückt werden wird, dann beginnt der Zustand des relativen Unterdrucks in der Tauchmaske. Spätestens in diesem Moment muß der Taucher Druckgleichheit herbeiführen durch Einblasen von Luft in die Maske.
Das Soggefühl bei nicht erfolgtem Druckausgleich in der Maske ist als Warnsignal deutlich spürbar. Kommt es dennoch, zum Beispiel infolge der Verwendung einer ungeeigneten Tauchmaske, zum Barotrauma, so wird zuerst das empfindliche Gewebe des Augapfels betroffen. Im Extremfall kann durch Platzen der Blutgefäße aus dem Weiß der Augäpfel ein leuchtendes Rot werden. Dann sollte ein Arzt aufgesucht werden. Allerdings wird dieser das Abklingen der Rötung nicht beschleunigen können. Mit dem Tauchen muß eine Zeitlang ausgesetzt werden.
Druckausgleich in der Maske ist so einfach, daß er schnell zur Routine werden muß. Zum Tauchen über 2 bis 3 m Tiefe sollte man unbedingt Masken verwenden, die die Nase mit einschließen. Keine Nasenklemme benutzen!

● Wassertemperatur und ihre Auswirkungen
Die Belastung des Wärmehaushalts unseres Körpers steigt beim Aufenthalt im Wasser enorm an. Ob die Wassertemperatur nun 10 Grad oder 20 Grad Celsius beträgt, ob wir uns unbekleidet oder mit Tauchanzug versehen im Wasser aufhalten – der Wärmeverlust tritt ein und wird durch die verschiedenen Bedingungen nur beschleunigt oder verzögert.
Die Wärmeabgabe geschieht im Wasser durch *Wärmeleitung*. Die Wärmeleitfähigkeit des Wassers ist rund 25fach größer als die der Luft.

Daß der Körper im Wasser dennoch nur etwa dreimal soviel Wärme wie an der Luft abgibt, ist der Fähigkeit des Organismus zu danken, die Wärmeabgabe zu steuern.

Unsere Körpertemperatur wird unter anderem dadurch erzeugt und reguliert, daß der aufgenommene Sauerstoff in unserem Körper für eine chemische Verbrennung sorgt. Um die Körpertemperatur konstant zu halten, muß vermehrt Sauerstoff aufgenommen und verbrannt werden. Deshalb wird ein frierender Taucher beim Tauchen ohne Gerät nur kurz die Luft anhalten können (O_2-Mangel, CO_2-Anstieg). Beim Tauchen mit Gerät wird die Luft wesentlich schneller verbraucht sein durch erhöhtes Atemminutenvolumen bei gleicher Ursache.

Frösteln und Muskelzittern sind Abwehr- bzw. Gegenmaßnahmen der komplizierten Temperaturregelung. Durch diese Muskeltätigkeit wird Wärme erzeugt, was allerdings wiederum erhöhte Sauerstoffaufnahme bedingt.

Übersteigt der Wärmeverlust weiterhin die Wärmeproduktion, dann ist die nächste Abwehrmaßnahme des Körpers die Drosselung der Blut- und damit Wärmezufuhr zu den Extremitäten. Das sind die äußeren Körperteile Arme und Beine. Zweck ist, die Kerntemperatur zu erhalten, um die lebenswichtigen Organe zu schützen.

Die weiteren Phasen der *Unterkühlung* sind: erschwerte Atmung, Muskelstarre, Senkung des Pulsschlags auf extrem niedrige Werte, allmähliche Lähmung und Tod.

Die Unterkühlung möglichst weit hinauszögern ist also die Forderung. Eine Verringerung der Wärmeleitung bzw. -abgabe an das Wasser erreichen wir durch eine bessere Isolation. Taucher, die ein überdurchschnittliches Fettpolster unter der Haut haben, sind im Vorteil; denn Fett ist ein schlechter Wärmeleiter. Die beste Isolation aber bildet ein *Tauchanzug*.

Ein weiterer Faktor ist natürlich die körperliche Verfassung vor dem Einstieg ins Wasser. Ein Taucher, der bereits frierend und fröstelnd ins Wasser geht, erreicht den Zustand der für ihn zumutbaren Unterkühlung entsprechend schneller.

Bei einer starken Unterkühlung ist eine schnelle Wiederaufwärmung erforderlich. Ideal ist ein heißes Bad, beginnend mit etwa 34 Grad Celsius, in den nächsten Minuten gesteigert auf 40 bis 45 Grad Celsius. Steht kein Bad zur Verfügung, wird der Körper von allen nassen Kleidungsstücken befreit und durch angewärmte Decken, Körperwärme eines Begleiters oder heiße Getränke erwärmt. Schlafneigungen des Unterkühlten sind immer wieder zu mindern durch Wachrütteln.

Tauchen mit Preßluft

Für den Sporttaucher ist nach wie vor atmosphärische Luft das Atemgas, welches für den Unterwasseraufenthalt anwendbar ist. Sowohl die Atmung der Luft wie auch die Konstruktion, Benutzung, Wartung, Füllung der dafür verwendeten Preßlufttauchgeräte bringen, insgesamt gesehen, relativ geringe Probleme. Die Anwendung von reinem Sauerstoff oder spezieller Gasgemische ist gefährlich bzw. problemreich. Sauerstoff- bzw. Mischgastauchgeräte sind aufwendig in der Technologie, erfordern sorgfältigste Wartung, bedingen gründliche Ausbildung und Schulung der Taucher und verursachen hohe Kosten.

Zusammensetzung der Luft:

Vor der Einatmung: 79 Prozent Stickstoff (N)
20 Prozent Sauerstoff (O)
0,03 Prozent Kohlendioxid (CO_2)
Rest Edelgase

Bei der Ausatmung: 79 Prozent Stickstoff (N_2)
16 Prozent Sauerstoff (O_2)
4 Prozent Kohlendioxid (CO_2)
Rest Edelgase

Gewicht von Luft: Bei einem Druck von 1 bar hat Luft ein Gewicht von 1,29 g pro Liter.

Preßluft ist mechanisch (mittels Pumpen bzw. Kompressoren) verdichtete Luft. Je höher der Druck, desto größer ist das Gewicht der Luft.

Um die Luftmenge eines Geräts zu berechnen, muß man nur den Rauminhalt der Preßluftflasche sowie den Druck der darin verdichteten Luft kennen.

Berechnungsformel:
    Flascheninhalt mal Druck = Luftmenge

Berechnungsbeispiel:
    Die Preßluftflasche hat 12 l Inhalt und ist auf 180 bar gefüllt.
    12 mal 180 = 2160 l Luft

Das PTG wird beim Füllen schwerer.

Berechnungsformel:
    Luftmenge mal 1,3 g = Gewicht in g oder kg.
    Beispiel: 2160 mal 1,3 = 2,808 kg, also annähernd 3 kg wiegt die in einer 12-l-Flasche auf 180 bar verdichtete Luft.

Ohne vorgreifen zu wollen, kann man die Frage, ‹Wie lange kann man mit einer Füllung eines PTG tauchen?› so beantworten:

Einflußfaktoren: 1. Wassertiefe (= Dichte der Luft)
2. Arbeitsleistung (Ruhe – Höchstbelastung)
3. Psychischer Zustand des Tauchers (Angst – Unsicherheit – Routine)

Für einen routinierten Taucher, der sich in aller Ruhe und ohne jede Anstrengung unter Wasser bewegt, rechnet man mit einem *Atemminutenvolumen* von 20 bis 25 l. Dieses Luftvolumen wird also innerhalb einer Minute ein- und ausgeatmet, unabhängig von der Tiefe. Wenn man den *Luftverbrauch* errechnen will, dann muß die Tiefe als Faktor mit einbezogen werden.

Rechenbeispiel (für 20 m Wassertiefe und 25 l Atemminutenvolumen, 10-l-PTG auf 200 bar gefüllt).

Berechnungsformel:
    Atemminutenvolumen mal bar = Luftverbrauch in Liter pro Minute

Rechenbeispiel:
    20 m = 3 bar
    25 mal 3 = 75 l Luftverbrauch pro Minute
    10-l-PTG mal 200 bar = 2000 l Luftinhalt
    2000 : 75 = 26,6 Min. Tauchdauer
    (theoretischer Wert, da ohne jede Reserve)

Die medizinisch-rechnerische Grenze der Tauchtiefe mit dem PTG liegt bei 90 m und ergibt sich aus der eintretenden Sauerstoffvergiftung (zu hoher Teildruck dieses Gases) und der narkotisierenden Wirkung von Stickstoff (Tiefenrausch) in dieser Tiefe.

In der Praxis gehen Sporttaucher nicht tiefer als 60 m, und dies auch nur bei entsprechender Erfahrung, bei optimalen Voraussetzungen und unter ausreichenden Sicherheitsvorkehrungen. Auf vielen Tauchbasen in aller Welt ist die maximale Tiefe auf 40 bis 50 m festgelegt.

Gefahren des Tauchens

Tiefenrausch wird frühestens in 30 m, spätestens in 70 m Tiefe spürbar (stark abhängig vom Training und psychischen Zustand des Tauchers). Es gibt eine ganze Reihe mehr oder weniger zutreffender Beschreibungen. Das ‹Herausnehmen des Mundstücks, um den Fischen Luft zu geben›, oder der ‹metallische Geschmack der Atemluft› sind dabei wenig repräsentativ.

Ähnlich wie bei Alkoholgenuß sind die Wirkungen des Tiefenrauschs bei jedem Taucher verschieden. So berichten nicht wenige von einem leichten Angst- bzw. Unsicherheitsgefühl im Anfangsstadium. Mit zunehmender Tauchtiefe steigt die Wirkung, die sich zur Panikstimmung steigern wie auch zur euphorischen Hochstimmung wandeln kann. Mit Sicherheit sinken Kritik-, Konzentrations- und Koordinationsfähigkeit sowie die Entschlußkraft. Darin liegt die Gefahr!

Ursache für den eintretenden Tiefenrausch ist die narkotisierende Wirkung des Stickstoffs unter erhöhtem Druck. N_2 ist ein neutrales Gas, ein Inertgas, das, wie auch Helium oder Wasserstoff, keine biochemische Reaktion bei der Atmung auslöst. Da die Narkosewirkung von Helium zum Beispiel viel geringer ist, verwendet man dieses Trägergas heute in sehr starkem Maße für das kommerzielle Tieftauchen.

Zur Beseitigung des Tiefenrauschs gibt es nur ein Mittel: Sofortiges Höhertauchen in geringere Tiefen. Der Rausch verschwindet ohne jede Nachwirkung.

Dekompressions- bzw. *Caisson-Unfälle* sind ein Thema, auf das später ausführlich einzugehen ist. Hier ein kurzer Hinweis: Beim Tauchen mit Preßluft löst sich Stickstoff im Blut- und Fettgewebe des Körpers. Überschreitet der Taucher eine bestimmte Zeit in einer bestimmten Tiefe, dann darf er nicht ohne Aufenthaltspausen in festgelegten Wassertiefen auftauchen. Tut er es doch, riskiert er einen ‹Deko-Unfall›: Der in flüssiger Lösung befindliche Stickstoff kann aufgrund des zu starken Druckabfalls (Druckgefälle) nicht mehr ausreichend über die Lunge ‹abgeatmet› werden. Dadurch perlt Stickstoff in Gasblasenform aus und blockiert Blut- und Nervenbahnen. Die Skala der Folgen für den Taucher reicht von Hautjucken über Gelenkschmerzen bis zu Lähmungen und Tod.

Das beste Beispiel zur Demonstration ist eine ohne Verzögerung geöffnete Brauseflasche: Der über der Flüssigkeit befindliche Gasdruck entweicht, und, scheinbar aus dem Nichts heraus, werden in der Flüssigkeit plötzlich unzählige Gasblasen sichtbar.

Für den Beginn der Tauchausbildung ein beruhigender Hinweis: Bis 10 m Tiefe kann beliebig lange getaucht und ohne Pause aufgetaucht werden.

Pendelatmung tritt ein bei der Atmung durch einen Hohlkörper (Maske, Schnorchel, Schlauch). Die zum Beispiel im Schnorchel bei der Ausatmung stehenbleibende verbrauchte Luft wird als erste wieder eingeatmet. Je größer das Volumen zwischen Mund/Nase und der Ausatemöffnung des Hohlkörpers ist, desto mehr verbrauchte Luft pendelt hin und her. Folge: Der Sauerstoffanteil der Luft in der Lunge nimmt ab, der Kohlendioxidanteil steigt.

Tauchen und Atmen durch überlange Schnorchel. Das Experiment, auch nur in 0,5 m Tiefe durch einen Schlauch Luft von der Oberfläche atmen zu wollen, ist sehr gefährlich wegen der Pendelatmung, vor allem jedoch durch die Wahrscheinlichkeit eines Unterdruck-Barotraumas in der Lunge. Dem Wasserdruck auf dem Brustkorb kann kein entsprechender Luftdruck entgegengesetzt werden, da die Luft in der Lunge durch den Schlauch in Verbindung mit der Luft an der Oberfläche

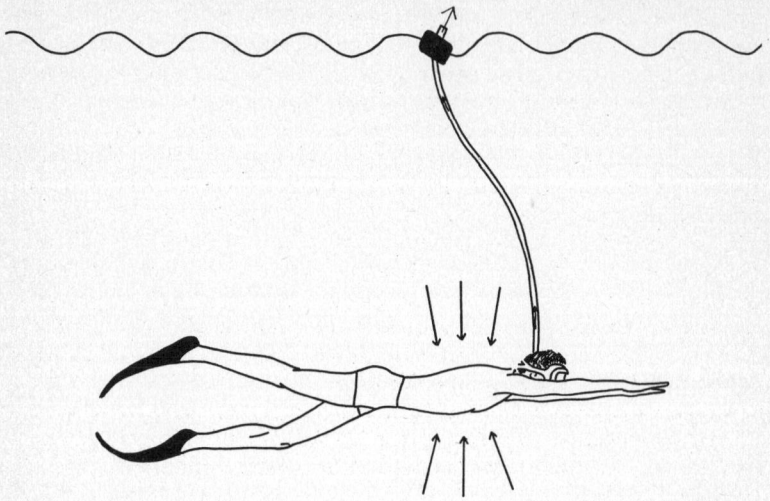

steht. Die Luft in der Lunge wird beim Tiefergehen nicht – wie sonst
beim Tauchen ohne Gerät – komprimiert, sondern durch den Schlauch
hinausgedrückt.

Hyperventilation
Die Verweildauer unter Wasser beim Tauchen mit angehaltenem Atem
(«in Apnoe») ist sehr stark vom Training abhängig. Darüber hinaus
gibt es für Trainierte wie für Untrainierte einen Trick, die Dauer bzw.
Tauchstrecke zu verlängern. Gemeint ist hier die *Hyperventilation*
(Voratmung). Dabei wird vor dem Abtauchen tief ein- und ausgeatmet
unter gleichzeitig erhöhter Atemfrequenz. – Die Wirkung der Hyperventilation hängt stark von der Dauer ihrer Anwendung ab. 10 Sek.
sind das Minimum, 2 Min. kann man bereits als gefährliche obere
Grenze bezeichnen.
Bei der Voratmung wird eine Sauerstoffspeicherung bzw. -anreiche-
rung nicht erreicht, da das Hämoglobin im Blut bereits zu 97 Prozent
mit Sauerstoff gesättigt ist. Die Folge ist vielmehr ein höheres ‹Abatmen› des Kohlendioxids (CO_2) und damit ein Nachlassen der CO_2-
Spannung im Blut.
Unsere Atmung wird von mehreren Reglermechanismen im sogenannten Atemzentrum gesteuert. Am stärksten spricht dieses Zentrum auf
die CO_2-Spannung im Blut an. Je höher der Gehalt an CO_2 im Blut ist,
desto stärker macht sich die Atemnot bzw. der Zwang zur Einatmung
bemerkbar.

Wird hyperventiliert und damit CO_2 abgebaut, dann dauert es beim anschließenden Luftanhalten länger, bis die den Atemreiz auslösende CO_2-Spannung im Blut erreicht ist. Der Zeitpunkt der einsetzenden Atemnot wird hinausgeschoben.

Die Anwendung der Hyperventilation ist nicht ungefährlich. ‹Kein Vorteil ohne Preis› – und der besteht in dem Risiko eines *Blackouts*, also einer Ohnmacht. Dieses Risiko steigt mit der Zeitdauer der vorangegangenen Hyperventilation.

Merke: hohes Blackout-Risiko nach längerer Hyperventilation in Verbindung mit anschließendem Tauchen bis an die Grenze des Möglichen.

Risikoerhöhung ist jedes Tauchen in Verbindung mit hoher Arbeitsleistung (Beispiel: Streckentauchen im Höchsttempo). Risikominderung ist Tauchen unter minimalem Kraftaufwand.

Zwar ist die Grenze des Verträglichen individuell sehr verschieden. Wird aber so lange vorgeatmet, daß ein Kribbeln in den Fingerspitzen und ein Taubwerden im Mundbereich zu fühlen ist, dann ist höchste Vorsicht geboten.

Ein Blackout ist relativ harmlos, wenn ein Tauchkamerad sofort zur Stelle ist und den Kopf des Ohnmächtigen über Wasser hält. Dieser ist in aller Regel nach wenigen Sekunden wieder voll ‹da›.

Die Hyperventilation ganz zu unterlassen wäre unrealistisch. Jeder, der etwas länger tauchen möchte, wird voratmen, und wenn es nur zehn Sekunden sind. Entscheidend ist die vernünftige und sparsame Anwendung der Hyperventilation (20 bis maximal 60 Sek.) in Verbindung mit einer anschließenden Tauchstrecke, die nicht bis an die Höchstgrenze führt. Und für den Fall der Fälle gilt: Tauche nie allein!

Sauerstoffmangel (Hypoxie) ist die Ursache eines Blackouts. Dieser Zustand macht sich nicht rechtzeitig durch Eintritt der Atemnot bemerkbar, da ja der Zeitpunkt des Einsetzens der Atemnot willkürlich und erheblich verschoben wurde durch den CO_2-Abbau beim Hyperventilieren.

Sehen und Hören unter Wasser

Licht- und Sichtverhältnisse
Wasser hat eine andere Dichte als Luft. Daraus resultiert eine andere Brechung des Lichts im Wasser. So erscheinen unter Wasser alle Gegenstände 25 Prozent näher bzw. circa 33 Prozent größer, als sie in Wirklichkeit sind. – Je nach Art und Zustand des Gewässers reicht die Sicht von weniger als 1 m bis zu maximal etwa 60 m.

Auch die *Farben* verändern sich unter Wasser, und zwar abhängig von der Tiefe. Wasser hat die Wirkung eines Blaufilters: Die warmen Farben werden in der Reihenfolge Rot–Orange–Gelb abgebaut. Das rote langwellige Licht wird zuerst herausgefiltert. Ein intensiv roter Gegenstand verliert bereits in 2 m Tiefe deutlich an Leuchtkraft. In 10 m Tiefe ist aus dem Rot ein schmutziges Braun geworden. Gelb kann man bis circa 20 m Tiefe erkennen. Blau ist auch in 40 m Tiefe noch sichtbar. Dieser Filtereffekt fällt uns immer sehr stark bei der Bewegung in der Vertikalen, also beim Auf- und Abstieg, auf, weil der beobachtete Gegenstand (zum Beispiel rotes Kameragehäuse) sich meist in kurzem Abstand zu unserem Auge befindet. Tatsächlich ist der Effekt in der Horizontalen aber der gleiche. Der knallrote Bikini einer Schwimmerin wird, wenn diese zum Beispiel 20 m weit wegschwimmt, nicht mehr als rot erkennbar sein, auch wenn das Wasser glasklar und sonnendurchflutet ist und Betrachter wie Objekt sich an der Wasseroberfläche aufhalten. Entscheidend ist also der Weg, den das Licht im Wasser zurücklegt, bevor es unser Auge erreicht.

Kunstlicht ist erforderlich, um in beliebiger Tiefe auf kurze Distanz die tatsächlich vorhandenen Farben sichtbar zu machen. Dazu verwendet man beim Filmen und Beoachten Scheinwerfer, beim Fotografieren Blitzlicht.

Hören unter Wasser

Aufgrund der hohen Dichte des Wassers ist die Schallgeschwindigkeit wesentlich höher als in der Luft. Diese beträgt in der Luft 333 m/Sek., im Wasser 1450 m/Sek. Gleichzeitig ist die Absorption des Schalls im Wasser deutlich geringer als in der Luft. Das führt zum Beispiel dazu, daß die starken Schraubengeräusche eines Schiffs auf einen Taucher den Eindruck erwecken, als sei das Schiff in seiner unmittelbaren Nähe, auch wenn es tatsächlich noch 500 m oder weiter entfernt ist.

Für den Taucher ist es praktisch nicht möglich, die Schallquelle zu orten, also festzustellen, aus welcher Richtung der Schall kommt. Dazu ist nämlich eine minimale Zeitdifferenz nötig, mit der der eintreffende Schall das eine Ohr früher erreicht als das andere. Dieses Minimum an erforderlicher Zeitdifferenz zur Bestimmung des Standorts der Schallquelle schrumpft durch die hohe Schallgeschwindigkeit unter Wasser so zusammen, daß diese Funktion des Gehörs gestört ist.

Tauchen und Schnorcheln
mit ABC-Ausrüstung

Ausrüstung

Die Ausrüstung des Tauchers besteht aus *Flossen, Maske* und *Schnorchel*. Der gekonnte Einsatz dieser einfachen Ausrüstung sichert dem damit geübten Benutzer einen erheblichen Vorteil gegenüber einem ‹normalen› Schwimmer in bezug auf Beweglichkeit und Schnelligkeit im Wasser, Erreichen größerer Tiefen, Retten und Bergen sowie größere Selbstsicherheit durch optische Identifizierung dessen, was sonst dem ungeschützten Auge verborgen bleibt.

Diese drei Ausrüstungsgegenstände können und sollten gleich sein für den schnorchelnden Beobachter wie auch für den gut ausgerüsteten Gerätetaucher.

Flossen

Die Verwendung von Flossen erleichtert uns Fortbewegungs- und Manövrierfähigkeit im Wasser bei gleichzeitiger Freistellung von Armen und Händen.

Durch ihre Abwinkelung verlängert die Flosse den Fuß in Richtung des Beins. Flossen, die auch die Ferse einschließen, sind vorzuziehen. Sie verbinden eine bessere Kraftübertragung mit einem sicheren Schutz vor Verletzungen.

Über die richtige (äußere) Größe gibt es verschiedene Ansichten. Der Trend zur relativ großen Flosse ist unverkennbar. So werden von Tauchern ohne weiteres Flossen mit Abmessungen von 50 bis 60 cm Länge verwendet, die eine ruhige harmonische Fortbewegung ermöglichen.

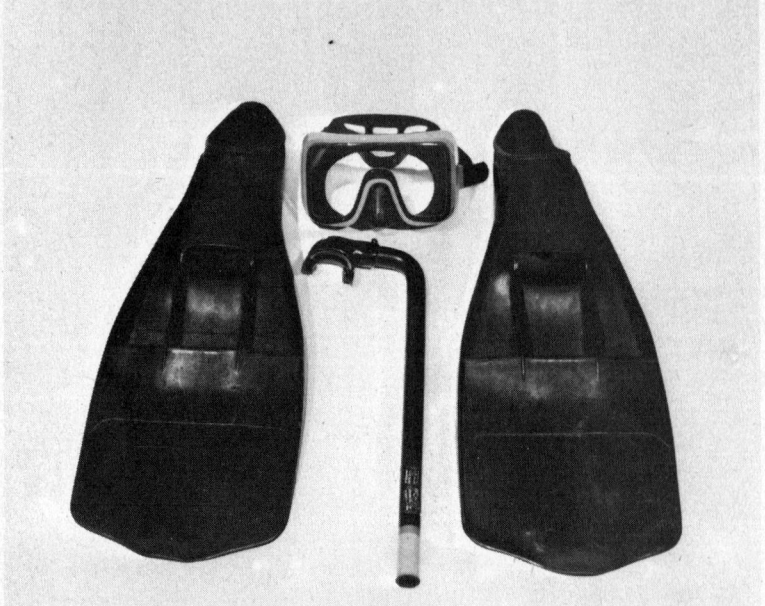

- *Große Flossen:* langsamer Schlag mit größerem Kraftaufwand.
- *Kleine Flossen:* schneller Schlag mit kleinerem Kraftaufwand.

Über die Wirksamkeit der Formgebung, also ob mit oder ohne Leitflächen, Düsen, Ventilen, gibt es keine exakten Aussagen. Die beste Flosse wird jene sein, die möglichst geringe Verwirbelungen des Wassers am Abriß hervorruft.

Für den Sitz ist die innere, die ‹Schuhgröße› der Flosse wichtig. Ist sie zu groß, wird die Kraftübertragung ungenügend und unexakt; der Antrieb ist entsprechend schlecht. Weiter besteht die Gefahr des Verlustes im Wasser. Abhilfe bei zu großen Flossen kann sein: Neoprensocken über den Fuß ziehen.

Zu kleine Flossen verleiden das Schwimmen durch die dadurch entstehenden Schmerzen. Auch Muskelkrämpfe in den Beinen können ihre Ursache in zu eng sitzenden Flossen haben.

Entscheidend für die Qualität und optimale Wirkung ist die gute Elastizität des Materials (Gummi).

Gelbe, orange oder rote Flossen sind unter Wasser gut sichtbar, erfüllen daher eine nicht unwichtige Sicherheitsforderung. Schwarze Flossen aus nicht gefärbtem Gummi sind jedoch aus dem besseren Material; Gummiqualität (Rußanteile) und Elastizität sind unübertroffen. Beim Kauf sind Flossen mit eingeschlossener Ferse empfehlenswert. Die äußere Größe ist danach abzuwägen, ob nur gelegentlich geschnorchelt wird oder ob die Flosse sehr viel benutzt werden soll und für das spätere Gerätetauchen vorgesehen ist. Im letzteren Fall ist die größere Ausführung vorzuziehen.

Farbige Flossen wird kaufen, wer keine großen Ansprüche an Lebensdauer und Wirkungsgrad stellt, dafür aber dem optischen Gesichtspunkt den Vorzug gibt (zum Beispiel als Ausrüstung für das ‹Modell› eines Unterwasser-Fotografen oder -Filmer). Schwarze Flossen sind dann vorzuziehen, wenn Qualität und möglichst hoher Wirkungsgrad das Optimum sein sollen.

Tauchmaske

Da der Augapfel gewölbt ist, liegt beim Tauchen auch das Medium Wasser gewölbt auf unserem Auge. Daraus ergibt sich beim Sehen unter Wasser ein völlig verschwommenes Bild. Es gilt also, den natürlichen Zustand wiederherzustellen und den Augen das Medium Luft vorzuschalten. In einem gewissen Abstand befindet sich eine abgrenzende plane Glasscheibe. Alles dahinter Befindliche kann so absolut scharf erkannt werden (Aquariumeffekt). Das ist im Prinzip die Tauchmaske.

Eine gute Maske muß (1) Augen und Nase einschließen, um Druckausgleich im Maskeninnern herstellen zu können. (2) Ihr Sitz muß tadellos sein, das heißt, sie muß auch bei leichtem Anpreßdruck sicher abdichten. (3) Sie sollte einen Nasenerker haben, um Druckausgleich im Mittelohr durch Zuhalten der Nase zu ermöglichen. (4) Ein geringes Maskenvolumen (geringe Luftabgabe bei Druckausgleich) in Verbindung mit möglichst großem Sehfeld kennzeichnet ferner die gute Maske.

Das Glas soll nicht aus Kunststoff (zerkratzt, beschlägt), sondern aus Sicherheitsglas bestehen. Für das Material des Gummikörpers gilt auch hier, daß schwarzes Gummi das qualitativ bessere ist. Allerdings erlangt der optische Gesichtspunkt bei der Wahl von Farbe und Form erhebliche Bedeutung; Taucherporträts sind eben bevorzugte Motive der UW-Filmer und Fotografen.

Zu empfehlen sind nur Masken, die die genannten Anforderungen erfüllen und bei der Anprobe so gut sitzen, daß sie ohne Benutzung des Halteriemens am Gesicht ‹kleben›, wenn durch die Nase ein leichter Unterdruck erzeugt wird. Nicht kaufen sollte man Masken mit eingebauten Schnorcheln, mit Kunststoffgläsern oder mit geteilten Gläsern ohne Einschluß der Nase.

Schnorchel

Aufgabe eines Schnorchels ist die problemlose Atmung an der Wasseroberfläche, ohne den Kopf dabei aus dem Wasser heben zu müssen.
Dieses simple Gerät erlaubt das Schwimmen an der Oberfläche unter
gleichzeitiger ununterbrochener Beobachtung des Geschehens unter
Wasser. Beim Schwimmen mit PTG an der Oberfläche wird der Körper
durch das auf dem Rücken befindliche Gerät belastet und sinkt ein. Das
Herausheben des Kopfs zum Luftholen wäre für einen Gerätetaucher
über eine längere Strecke sehr anstrengend und unzumutbar. Hier
leistet der Schnorchel als Atemrohr gute Dienste.
Optimal sind Schnorchel von circa 40 cm Länge und circa 20 mm
Innendurchmesser. Eine Verdoppelung dieses Durchmessers würde
eine Vervierfachung der im Rohr befindlichen Luftmenge bedeuten
und damit die Pendelatmung zur Gefahr werden lassen. Wichtig ist
auch die luftströmungsgünstige Ausarbeitung ohne scharfe Knicke und
ohne Faltenschlaucheinsätze. Das Gummimundstück muß angenehm
sitzen, um eine lange Benutzung ohne Beschwerden zu ermöglichen.
Schnorchel werden aus Hartgummi oder Plastik hergestellt. Ist das
Material schwarz oder dunkelfarbig, dann sollte das obere Ende mit
roter oder orangefarbener Folie (Tagesleuchtfarbe) beklebt sein. So ist
man an der Wasseroberfläche für andere besser erkennbar.
Schnorchel einfachster Bauart sind fast immer die besten. Das obere
Ende sollte schlicht offen sein. Konstruktionen mit störanfälligen Ball-
ventilen sind glücklicherweise kaum noch auf dem Markt.
Nach Gebrauch in Salz- oder Chlorwasser ist insbesondere die Tauch-
maske mit Süßwasser abzuspülen. Vor längerer Lagerung sind die
Gummiteile mit Talkum einzupudern.

Kälteschutzanzug

Auch beim Schnorcheln und Tauchen mit ABC gibt es Situationen, in
denen die Verwendung eines Kälteschutzanzugs erhebliche Vorteile
bringt. Beim Gerätetauchen ist aufgrund der leicht erreichten größeren
Wassertiefen und der längeren Verweildauer die Benutzung eines Anzugs obligatorisch.
Mag das Wasser im See, an Ostsee und im Mittelmeer noch so angenehm warm sein: In wenigen Metern Tiefe bereits wird es oft ausge-
sprochen kalt. Nicht selten fällt die Temperatur um rund 10 Grad
Celsius auf dem Weg von der Oberfläche bis in 20 bis 30 m Tiefe.
Dieser Temperatursturz wird bei gut durchmischtem Wasser allmählich, sehr oft auch in mehreren Stufen vor sich gehen. Diese Stufen
nennt man *Sprungschichten*. Sie sind meist sichtbar (Schlierenbildung),
vor allem aber sehr unangenehm fühlbar, wenn kein Tauchanzug getragen wird.

Von Sporttauchern werden heute zwei Anzugsysteme verwendet: der Neopren-Naßtauchanzug und der Konstantvolumen-Anzug.

Neopren-Naßtauchanzug
1958 wurden die ersten dieser Anzüge in Deutschland verkauft. Sie setzten sich schnell durch und haben die steil ansteigende Popularitätskurve des Tauchsports stark beeinflußt. Diese Anzüge werden heute im Prinzip unverändert, aber in Material, Schnitt, Haltbarkeit, Aussehen entscheidend verbessert hergestellt. In anderen Sportarten wie Segeln, Windsurfen, Kajak sind solche Anzüge gleichfalls verbreitet.

Das hervorragend isolierende Material besteht aus aufgeschäumten Neoprengummi, das aus Millionen winziger Gasbläschen besteht. Das Nebeneinander von Gas und hauchdünnem Material bewirkt diese Isolation.

Auch gut anliegende Neoprenanzüge lassen das Wasser mehr oder weniger schnell eindringen. Es legt sich als Film zwischen Haut und Material, erwärmt sich dort und bildet eine weitere Isolationsschicht. Insofern spricht man vom ‹Naßtauchanzug›.

Neopren in der Stärke 5 bis 7 mm ist hochdehnbar. Außen sind Naßtauchanzüge mit einer Rasterhaut versehen, die das Gummi unempfindlicher gegen mechanische Verletzungen macht; innen ist eine Nylonschicht aufkaschiert. Sie erleichtert das Anziehen und macht das Tragen angenehmer, setzt allerdings die Dehnbarkeit des Neoprens erheblich herab.

Ein Anzug, für nordische Verhältnisse ausgelegt, besteht meist aus Oberteil mit angesetzter Kopfhaube, aus bis zur Brust reichender Hose, Füßlingen und Handschuhen. Er erfüllt nur dann seine Aufgabe, wenn er überall eng am Körper anliegt. Damit wird ein unzweckmäßiger ‹Kühlwasseraustausch› verhindert. Sorgfältiges Anprobieren beim Kauf bzw. Anfertigung nach Maß lohnen sich.

Die Nähte sind verklebt und mit einem vernähten Nahtschutzstreifen versehen. Reißverschlüsse sind im Moment des An- und Ausziehens eine feine Sache. Dennoch gilt: Je mehr Reißverschlüsse, desto teurer der Anzug und geringer der Kälteschutz (durch vermehrt eindringendes Kaltwasser).

Farbig im sonst meist schwarzen Anzug abgesetzte Teile (an Kopfhaube, Schultern) verleihen Chic und erhöhen die Sicherheit.

Vorteile des Neoprenanzugs gegenüber Trockentauchanzügen sind: fast vollständig erhalten bleibende Beweglichkeit des Benutzers (solche Anzüge benutzen auch Flossenschwimmer bei Wettkämpfen im freien Wasser), leichtes An- und Ausziehen sowie ein vertretbarer Anschaffungspreis.

Nachteile und Grenzen des Neoprens sind: Das gasgefüllte Material (Boyle-Mariotte) ist *kompressibel*. Das heißt, je tiefer man damit taucht, desto geringer wird die Anzugstärke. Dies hat zwei gravierende Konsequenzen: Einmal summiert sich der Wärmeverlust durch die geringer werdende Materialdicke und durch die geringer werdende Wassertemperatur in der Tiefe. In der Praxis hat das seine Auswirkungen. So ist es gut möglich, sich in einem 6-mm-Naßtauchanzug an der Oberfläche eines 10 Grad Celsius warmen Gewässers etwa 90 Minuten aufzuhalten. Taucht man statt dessen auf 30 m, wo die Wassertemperatur auf vielleicht +4 Grad Celsius abfällt und die Neoprenstärke nur noch etwa 2 mm beträgt, dann ist ein Taucher nach nur 10 Minuten bereits so ausgekühlt, daß Auftauchen die einzige Konsequenz ist.

Zum anderen bedeutet die Kompression des Materials, daß das Volumen des Tauchers sich der jeweiligen Wassertiefe entsprechend ändert. Der sehr starke Auftrieb des Anzugs wird durch Tragen eines *Bleigürtels* ausgeglichen. Als Faustregel gilt: Pro Millimeter Anzugstärke werden circa 1 kg Blei benötigt. Ist ein Taucher zum Beispiel mit seinem 6-mm-Neoprenanzug und einem 6-kg-Bleigürtel so austariert, daß er sich in 2 m Tiefe im hydrostatischen Gleichgewicht befindet, dann ändert sich der Zustand rapide auf dem Weg in die Tiefe. Hatte der Anzug an der Oberfläche noch einen positiven Auftrieb von 6 kg, so verliert er davon in 20 m Tiefe etwa 4 kg. Das Volumen ist bei 3 bar auf ein Drittel geschrumpft, das heißt, der Mann mit seinem 6-kg-Bleigürtel ist in dieser Tiefe circa 4 kg zu schwer. Sie können zu einer gefährlichen Belastung beim Aufstieg werden!

Konstantvolumen-Anzug

Das ist ein Trockentauchanzug, der in Verbindung mit einem Preßlufttauchgerät benutzt wird. Solche Anzüge sind einteilig. Enganliegende Manschetten an Handgelenken sowie ein wasserdichter Reißverschluß sorgen für Dichtigkeit. Der Schnitt ist so angelegt, daß zusätzlich Unterzeug getragen werden kann. Über Druckminderer und Verbindungsschlauch ist der Anzug an die Preßluft des Tauchgeräts angeschlossen. Durch Zu- und Abgabe von Luft in bzw. aus dem Anzug steuert der Taucher sein Volumen und hält es weitgehend konstant.

Der Vorteil des Konstantvolumens besteht in seiner Wärmeisolation; hier ist dieser Anzug einem Naßtauchanzug weit überlegen in bezug auf Wasserdichtigkeit plus starke Isolierschicht aus Material, Luft und Unterzeug. Das steuerbare Volumen macht den Taucher unabhängig von Auftriebsveränderungen.

Dagegen ist die Beweglichkeit des Tauchers deutlich eingeschränkt, sowohl über als auch unter Wasser. Der überschwere Bleigürtel (circa 14 bis 18 kg) wird im wahrsten Sinne des Wortes zu Ballast.

Das An- und Ausziehen erfordert meist einen Helfer. Der Preis des Anzugs ist sehr hoch.

Konstantvolumen-Anzüge kommen für Sporttaucher selten, für Anfänger in keinem Fall in Betracht. Die Benutzung solcher Anzüge erfordert taucherisches Können. Verwendet werden sie von Leuten, die sehr viel in sehr kaltem Wasser tauchen und/oder bestimmte Aufgaben zu lösen haben, etwa Biologen, Forschungstaucher, Profis.

Über 90 Prozent der Sporttaucher wählen den Naßtauchanzug. Vor dem Kauf eines solchen Anzugs sind, abgesehen von den bereits be-

schriebenen Anforderungen, folgende Überlegungen zu treffen: soll
der Anzug nur für das Tauchen und Schnorcheln in wärmeren Regio-
nen Verwendung finden? – Dann genügt ein Neopren einfacher ‹Bauart› (eventuell sogar nur das Oberteil) aus 5 mm starkem Material.
Wird sehr viel in größeren Tiefen bzw. kalten Gewässern getaucht,
kommt nur das 7-mm-Material in Frage mit überlanger Hose, dazu
Füßlinge und Handschuhe. Alles muß gut anliegen, mit sauber verkleb-
ten und genähten Schnittflächen.

Bezüglich der Materialdicke gilt folgendes: Anzüge in geringerer Stärke als 5 mm sind nur für Oberflächenaktivitäten geeignet (Schnorcheln,
Wettkampf, Wasserski). Material in über 7 mm Stärke hätte zwar eine
entsprechend gesteigerte Isolationswirkung; zunehmende Bewegungs-
behinderung und Unbequemlichkeit sowie die dann sehr gravierenden
Auftriebsdifferenzen wären allerdings der Nachteil.

Nach jedem Tauchen in Süßwasser durchspülen und so aufhängen, daß
die trocknende Luft im Innern des Anzugs überall Zutritt hat. Falten-
frei lagern. Schnitt- und Rißstellen umgehend kleben.

Bleigürtel

Mit dem Tauchen im Neoprenanzug ist zwangsläufig die Mitnahme von
Ballast verbunden. Dafür bietet sich aufgrund der hohen spezifischen
Dichte (11,3) das Blei an.

Bleigürtel sollten folgenden Anforderungen genügen: Der Gürtel

Bleigürtel mit Schnellverschluß. Dazu drei Gewichte jeweils anderer Hersteller.
Sehr praktisch ist das mittlere Gewicht, das sich schnell am Gürtel anbringen
bzw. von ihm lösen läßt.

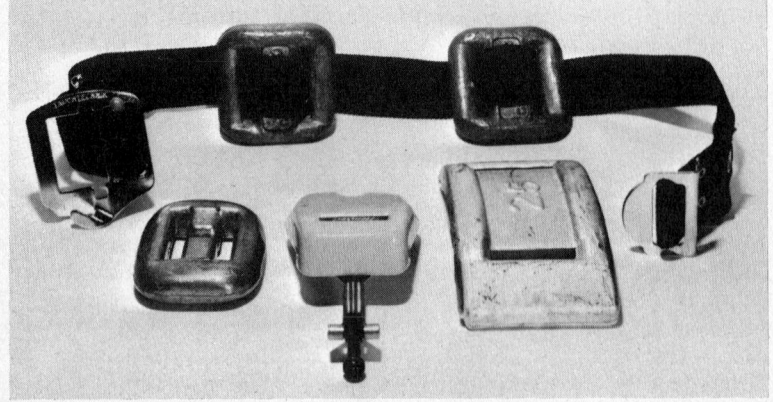

selbst muß aus unverrottbarem Material bestehen. Die Gewichte werden nach Entfernen des Gürtelschlosses auf den Gurt aufgezogen bzw. vom Gurt abgezogen. Schneller und besser, aber in der Herstellung aufwendiger ist das direkte Befestigen oder Lösen der Bleigewichte am Gurt, also ohne Abnehmen des Schlosses.

Kunststoff- oder Lacküberzug auf den Gewichten sieht nicht nur gut aus, sondern verhindert auch das Abfärben des ungeschützten Bleis.

Das Schloß muß so konstruiert sein, daß das sichere Öffnen und Schließen ohne visuelle Kontrolle möglich ist. Das Öffnen muß blitzschnell und mit einer Hand möglich sein, um in einer gefährlichen Situation den Gürtel ohne Umstände abwerfen zu können.

Ausbildung und Training

Schnorcheln und Tauchen mit der ABC-Ausrüstung kann man grundsätzlich in der Schwimmhalle wie auch im freien Wasser erlernen und trainieren.

Im *Schwimmbad* ist der Lern- und Trainingseffekt zunächst der größere. Unabhängig von Wetter und Seegang kann sich der Schüler völlig auf seine Übungen konzentrieren. Leistungskontrolle und -steigerung sind leicht möglich aufgrund der genau bekannten Abmessungen innerhalb des Schwimmbeckens.

Das *Freiwasser* ist nicht das ideale Terrain für den Anfänger. Es sichert aber die auf Dauer notwendige Konfrontation mit den natürlichen Gegebenheiten Seegang, Strömung, Tiefe und Kaltwasser. Ist gleichzeitig eine interessante Unterwasserszenerie vorhanden, dann ergibt sich eine vorteilhafte Verbindung von Lernen und Erleben.

Wird ohne Kälteschutzanzug geübt, dann kommt der Wassertemperatur entscheidende Bedeutung zu. Unter 20 Grad Celsius sinken Leistungsfähigkeit, Ausdauer und Lernantrieb sehr schnell ab.

Anlegen der Ausrüstung

Die Flossen werden erst unmittelbar am oder im Wasser übergestreift. Im trockenen Zustand ist das Hineinschlüpfen schwieriger.

Die Tauchmaske wird an der Glasinnenseite unmittelbar vor dem Aufsetzen gründlich mit Speichel ausgerieben und nur flüchtig mit Wasser abgespült. Der so verbleibende Film verhindert das Beschlagen der Scheibe. Achtung: In die Maske hineinreichende Haarsträhnen bzw. Badekappenränder sorgen für Wassereinbruch (einen ähnlichen Effekt können Barthaare hervorrufen). Wie stramm das Halteband der

Maske eingestellt werden muß, wird jeder selbst schnell herausfinden.
In jedem Fall sollte die Maske so fest sitzen, daß nicht bereits der
leichteste Stoß ein Verrutschen bewirkt.
Ob die Tauchmaske dicht sitzt, läßt sich vor dem Abtauchen feststellen.
Durch die Nase ein leichtes Vakuum erzeugt, werden Undichtigkeiten
schnell erkennbar.
Der Schnorchel wird beim Anlegen mit seiner oberen Öffnung zwischen Wange und Maskenhalteband hindurchgeführt. Dort sitzt er
relativ fest, kann aber für spezielle Übungen leicht an- und abgelegt
werden.

Übungen für Anfänger

Bei allen hier dargestellten Übungen wird davon ausgegangen, daß der
Lernende noch keinerlei Unterricht im Schnorcheln und Tauchen
hatte.
Alle Übungen können und sollten mit einem oder mehreren Partnern
gleichzeitig gemacht werden. Das führt zur Motivationssteigerung wie
auch (Selbst-)Erziehung zur Praktizierung des «Tauche nie allein».
Nicht jedermanns Sache ist es, auf Anhieb mit Maske, Flossen, Schnorchel gleichzeitig klarzukommen. Im gegebenen Fall ist ein schrittweises
Gewöhnen an die Ausrüstung anzuwenden.

1. Übung: Flossenschwimmen in Rückenlage
Ziel: Gewöhnung an den Flossen-Beinschlag
Eine Methode, sich, unbelastet von Maske und Schnorchel, mit der Flossenarbeit vertraut zu machen, ist das Schwimmen in Rückenlage. Der Wechsel-Flossenschlag beider Beine kommt aus der Hüfte heraus; die Knie werden lediglich beim Aufwärtsschlag leicht angewinkelt.
Von vornherein ist darauf zu achten, daß die Flossen im Wasser bleiben. So verrichten sie ihre Vortriebsarbeit am wirksamsten. Jedes Durchbrechen der Wasseroberfläche bedeutet Energieverlust, erzeugt Spritzer und Geräusche, sieht unelegant aus.
Zunächst kommt es auf das erreichte Tempo überhaupt nicht an. Wichtig sind die gewonnene Kenntnis wie auch die (Selbst-)Kontrolle über die richtige, gleichmäßige, effektive Beinarbeit.

2. Übung: Schwimmen mit Flossen und Maske
Ziel: Gewöhnung an die Mundatmung
Mit dem Aufsetzen der Maske erfolgt zwangsläufig die Umstellung auf die ungewohnte Mundatmung. Zur ersten Gewöhnung daran sind kurze Schwimmstrecken von 10 bis 20 m in Rücken- oder Brustlage geeignet.

3. Übung: Schwimmen mit Flossen, Maske und Schnorchel
Ziel: Gewöhnung an die Schnorchelatmung in Koordinierung mit richtigem Beinschlag. Ausdauertraining

Unter Hinzunahme des Schnorchels werden zunächst Strecken von 25 bis 50 m in Brustlage geschwommen (Kurzbezeichnung für diese Übung: Schnorcheln).

Die Arme bleiben dabei entweder angelegt oder in Vorhalte. Der Flossenschlag erfolgt wie beschrieben aus der Hüfte heraus. Das Bein ist beim Aufwärtsschlag gestreckt, beim Abwärtsschlag leicht angewinkelt. Die Flossen bleiben unter Wasser.

Für den Übungsleiter ist bei der UW-Beobachtung eine gute visuelle Kontrollmöglichkeit gegeben; aber auch die Schüler lernen durch die Vergleichsmöglichkeit untereinander, effektiven vom nichteffektiven Beinschlag zu unterscheiden.

Der Körper liegt entspannt im Wasser. Dank der Schnorchelatmung entfällt das kraftkostende Herausheben des Kopfs aus dem Wasser.

Wie bei anderen Übungen kommt es auch bei dieser im Anfangsstadium zum gelegentlichen Einatmen von Wasser, etwa wenn durch zu tiefes Eintauchen des Kopfs Wasser in den Schnorchel läuft. Mit der Gewöhnung an die Schnorchelatmung absolviert man aber gleichzeitig ein wichtiges Reflextraining: Wir erreichen dadurch, daß bei eingedrungenem Wasser die Atmung schlagartig abgebrochen wird und daß Wasser nicht in die Luftröhre gelangt.

Trainiert werden muß ebenso das Entfernen des eingedrungenen Wassers aus dem Schnorchel. Es wird an der Wasseroberfläche durch einen einzigen kräftigen Luftstoß herausgedrückt.

Entsprechend dem Trainingsstand werden die Schwimmstrecken beim Schnorcheln bis auf 500 m gesteigert, um Ausdauer bei der Flossenarbeit zu erreichen.

4. Übung: Abtauchen in Verbindung mit Druckausgleich
Ziel: elegant und mit geringem Kraftaufwand schnell untertauchen, ohne Abbruch durch Druckausgleichprobleme

Um einigermaßen akzeptabel abtauchen zu können, bedarf es schon einiger Übung. Es gibt dabei drei verschiedene Techniken:

a) Hüftknicktechnik: Sie ist vom Ablauf her die eleganteste und die schnellste, um Tiefe zu gewinnen.

● Erste Phase: Der Körper liegt entspannt auf dem Wasser, die Arme befinden sich leicht angewinkelt in der Vorhalte.

● Zweite Phase: Die Arme tauchen jetzt senkrecht ins Wasser. Ein Armzug gegen die Wasseroberfläche bringt den in der Hüfte abknickenden Oberkörper in eine tiefere Lage.

● Dritte Phase: Sofort im Anschluß werden die Beine aus dem Wasser gehoben. Das bedeutet geringeres Volumen im Wasser bei gleichbleibendem Gewicht. Die schlagartig verringerte Auftriebskraft bewirkt ein schnelles, vollständiges Eintauchen des Körpers.

● Vierte Phase: Erst jetzt, das heißt im Moment des Eintauchens der Flossen, beginnt der Beinschlag.

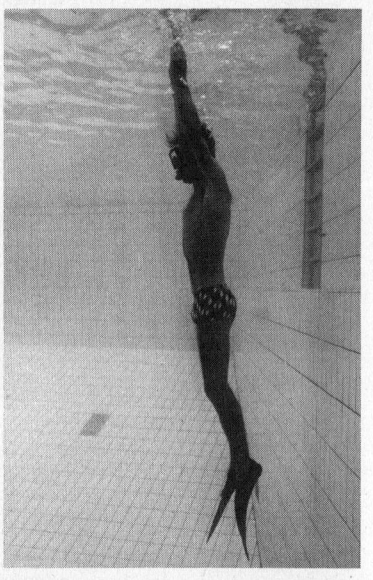

b) Abstoßtechnik: Sie wird angewendet beim Training in der Halle, wenn es darum geht, schnell und unter Ausnutzung des Abstoßeffekts von der Wand frei zu kommen.

- Erste Phase: An der Beckenkante im Wasser stehend bringt der Taucher durch Abstoßen oder Flossenschlag seinen Körper bis etwa zu den Schultern aus dem Wasser heraus. Dann läßt er sich, immer mit dem Rücken zur Wand, circa 0,5 bis 1 m tief absinken. Wichtig: geringer Wasserwiderstand durch Anlegen der Hände an den Körper. Die Flossenspitzen zeigen möglichst senkrecht zum Bekkengrund.

- Zweite Phase: Durch entsprechende Armunterstützung sich jetzt von der senkrechten in eine waagerechte Lage bringen. Darauf achten, daß der Abstand zur Wand nicht zu groß wird. Er soll so bemessen sein, daß bei angewinkelten Beinen die Flossen dicht an der Wand sind.

- Dritte Phase: Die Flossen an die Wand bringen, die richtige Abstoßposition ertasten. Die Arme in Vorhalte bringen. Dann kräftig abstoßen. Die so erzielte Geschwindigkeit über eine Distanz von 1 bis 2 m ausnutzen, erst dann mit dem Beinschlag beginnen.

c) Absinktechnik: Sie wird beim Gerätetauchen oft angewandt, weil die Beweglichkeit durch schwere Ausrüstung begrenzt ist und die Hände nicht frei sind. Üben kann man den Vorgang auch mit ABC-Ausrüstung.

- Erste Phase: Durch kurzen Flossenschlag hebt der Taucher sich etwas aus dem Wasser heraus, um sich dann absinken zu lassen.
- Zweite Phase: Nach dem Absinken und Zum-Stillstand-Kommen in 1 bis 1,5 m Tiefe geht man aus der senkrechten Position mit dem Oberkörper in eine annähernd Waagerechte über.
- Dritte Phase: Durch Einsatz des Beinschlags bei dieser ‹abgeknickten› Körperhaltung schwenkt man in die Kopf-über-Position und beginnt den Abstieg.

Druckausgleich

Um nach einem gelungenen Abtauchvorgang nicht sofort wegen unangenehmer Ohrenschmerzen wieder auftauchen zu müssen, bedarf es der Beherrschung des Druckausgleichs im Mittelohr. Das geschieht, wie bereits beschrieben, durch die Luftpressung gegen die zugehaltene Nase. Nach entsprechender Übung oder bei anatomisch bedingten Voraussetzungen genügt auch ein simples Schlucken.

Wartet man mit der Einleitung des Druckausgleichs, bis sich Ohrenschmerzen eingestellt haben, dann wird in vielen Fällen der Ausgleichsversuch mißlingen. Die Druckdifferenz ist bereits zu groß. Wichtig ist also: den ersten Druckausgleich in sehr geringer Tiefe herbeizuführen, das heißt in 0,5 bis 1 m Tiefe.

Für den Druckausgleich in den übrigen luftgefüllten Zonen gilt: In den *Maskeninnenraum* wird während des Abtauchens durch die Nase Luft abgegeben. Dieser Vorgang bedarf der Gewohnheit, bereitet aber keinerlei Schwierigkeiten.

In den *Nasennebenhöhlen* erfolgt der Ausgleich automatisch, es sei denn, eine Erkältung hat die Schleimhäute der Zuführungskanäle anschwellen lassen. Einzig mögliche Abhilfe in solch einem Fall ist: Vor dem Tauchen schleimhautabschwellende Tropfen eingeben.

In der *Lunge* kommt es gleichfalls automatisch zum Ausgleich, beim ABC-Tauchen durch die Kompression der Lunge, während des Tauchens mit PTG durch die Atmung der jeweils unter Umgebungsdruck stehenden Luft.

Beim *Auftauchen* ist eine kontinuierliche Druckentlastung aller luftgefüllten Hohlräume des Körpers unabdingbar. Dieser Ausgleich geht ohne unsere willentliche Beeinflussung, also automatisch vor sich. Einzige Ausnahme: Wenn der Taucher unter Umgebungsdruck stehende Luft geatmet hat (PTG, Unterwasser-Hohlräume), dann muß er beim Aufstieg für Druckgleichheit in der Lunge sorgen. Beim Aufstieg unter

Atmung aus dem Gerät gilt: normal weiteratmen. Während des Auftauchens ohne die Benutzung des Geräts gilt: gleichmäßig die Luft aus der Lunge abatmen.

5. Übung: Streckentauchen

Ziel: durch Training und Beachtung wichtiger Faktoren die Tauchstrecke allmählich steigern

Die vernünftige obere Grenze beim Streckentauchen trainierter Sporttaucher wird man mit 50 m angeben können. Die Hälfte (25 m) wird bei

richtiger Anleitung auch von absoluten Anfängern nach erstaunlich kurzer Zeit erreicht, sehr oft schon nach drei bis sechs Trainingsstunden mit ABC-Ausrüstung.

Entscheidende Faktoren sind:

● Ausgeruht sein: Sofort nach einer vorausgegangenen anstrengenden Übung einen Streckentauchversuch zu starten, ist unsinnig.

● Atmung: Ohne eine gewisse Voratmung (Hyperventilation) wird man beim Tauchtraining nicht auskommen. Diese aber beschränken auf eine Zeitdauer von 20 bis 30 Sek.; das sind etwa zehn tiefe schnelle Atemzüge.

Die letzte Einatmung vor dem Start soll (sofern es um Strecken- und nicht um das Tieftauchen geht) die Lunge ‹nur› zu circa 80 Prozent füllen. Damit wird das unangenehme Preßgefühl vermieden.

● Schwimmstil, Kräfteeinsatz: Natürlich ist die erreichte Strecke auch von der Beherrschung eines effektiven Flossen-Beinschlags abhängig. Wenn es nicht gerade um Wettkampf geht, legt man beim Streckentauchen ein mittleres Tempo vor. Starker Kräfteeinsatz bringt kein besseres Ergebnis; denn der Zeitgewinn wird mehr als aufgehoben durch den enorm steigenden Sauerstoffverbrauch. Durch starke Anstrengung erhöht sich auch die Blackout-Gefahr.

● Wassertemperatur: Kaltes Wasser löst schnelle Auskühlung aus. Die Abwehrmaßnahmen des Körpers bedingen einen steigenden Sauerstoff-(O_2)-Verbrauch. Folge: kürzere Strecken beim Tauchen «in Apnoe».

● Individuelle Merkmale: Niemand darf beim Training zur Erreichung bestimmter Mindestweiten gedrängt werden.

Es ist für einen Taucher nicht von Nachteil, seine persönliche Leistungsgrenze beim Streckentauchen in etwa zu kennen. Typbedingte Unterschiede sind zu beachten. Der eine erreicht beim ersten Tauchversuch die größte Weite. Ein anderer hat beim ersten und zweiten Versuch noch Schwierigkeiten, steigert sich dann aber deutlich.

Grundsätzlich muß bei allen Versuchen der Taucher beobachtet, überwacht werden.

Ideal für das Streckentauchtraining ist die Schwimmhalle.

6. Übung: Zeittauchen

Ziel: unter weitgehender Vermeidung körperlicher Bewegung möglichst lange tauchen

Für das Zeittauchen gelten zum großen Teil die gleichen Voraussetzungen wie für das Streckentauchen. Da jedoch der Sauerstoffverbrauch des Körpers durch Energieeinsparung auf einem Minimum gehalten wird, erhöht sich die zu leistende Tauchzeit erheblich.

Die Mitnahme eines Gewichts bzw. das Festhalten unter Wasser, zum

Beispiel an einer Leiter, sind beim Zeittauchen gute Hilfsmittel. Beginner sind nach einem zehnstündigen Tauchkurs durchaus in der Lage,
circa 45 Sek. zu tauchen. Für trainierte Taucher gelten 90 bis 120 Sek.
als gute Leistung.

7. Übung: Kraulen

Ziel: relativ hohes Schwimmtempo wie auch die Fähigkeit entwickeln,
     lange Strecken mit ABC-Ausrüstung schwimmen zu können
Das Kraulen stellt eine ausgezeichnete Konditionsübung dar. Es wird
in seiner Bedeutung für das sichere Sporttauchen gelegentlich noch

unterschätzt. Eine Reihe von Situationen in der Praxis sind denkbar, in denen ein Taucher dank der Fähigkeit, ausdauernd und/oder schnell kraulen zu können, manches Problem meistert.

Zur Übung selbst: Die Synchronisation von Beinschlag, Armzug und Atmung ist nicht schwierig. Die ABC-Ausrüstung macht das Erlernen dieses Schwimmstils leicht. Gerade auch die so wichtige Atemtechnik wird durch den Schnorchel problemlos.

Beim *Armzug* wird die Hand weit vor dem Kopf in das Wasser geführt, und zwar in solch einem Winkel, daß dabei ein möglichst geringer Wasserwiderstand entsteht. Die seitliche Position von Arm/Hand ist parallel zur Körperachse. Unter Wasser werden die Arme bis in Höhe der Taille gezogen, dann über Wasser nach vorn geschwungen.

Der *Beinschlag* ist praktisch gleich der Bewegung beim Schnorcheln und Tauchen. Allerdings läßt sich die Forderung, die Flossen während des Schwimmens vollständig unter Wasser zu halten, beim Kraulen nicht mehr hundertprozentig erfüllen: Durch die höhere Geschwindigkeit wird der Auftrieb, den Beine und Flossen erfahren, zu groß.

Das Verhältnis im Rhythmus zwischen Armzug und Beinschlag liegt bei Sporttauchern meist bei eins zu drei, das heißt, auf einen Armzug kommen drei Beinschläge.

8. Übung: Wende
Ziel: schnelle Richtungsänderung im Hallenbad

Der *Wende* kommt Bedeutung zu beim regelmäßigen Hallentraining.

Wir kennen die Drehwende und die Rollwende. Letztere ist etwas schneller und stellt gleichzeitig eine gute Orientierungs- und Geschicklichkeitsübung dar.

Die Drehwende

- Erste Phase: Beim Anschwimmen der Wand wird mit einer oder auch beiden Händen die Überlaufrinne erfaßt.
- Zweite Phase: Der Körper wird durch Armbeugung an die Wand herangezogen und gleichzeitig etwas aus dem Wasser herausgehoben.

- Dritte Phase: Jetzt beginnt die Drehung, und zwar beliebig nach rechts oder links. Dazu stößt man sich mit der an der Wand befindlichen Hand kräftig ab. Ist die Drehung vollendet, dann kommt es unmittelbar darauf zum Absinken des zum Teil aus dem Wasser ragenden Oberkörpers.
- Vierte Phase: Die Arme werden nach vorn gestreckt, die Flossen an die Wand gestellt; der Abstoß des jetzt unter Wasser liegenden Körpers erfolgt mit großer Kraft.

Der so gewonnene Schub wird zunächst ausgenutzt (Gleitphase), bevor wieder mit Beinschlag und Armzug begonnen wird.

Die Rollwende

- Erste Phase: Beim Anschwimmen der Wand wird die Rolle vorwärts mit einer Gleichzugbewegung der Arme eingeleitet.

- Zweite Phase: Durch den Armzug in Verbindung mit dem Abknicken des Oberkörpers und Anziehen des Kopfs an die Brust werden circa 90 Grad der 180-Grad-Bewegung bewerkstelligt.

- Dritte Phase: Die Beine werden jetzt angehockt an die Wand gebracht. Der dabei entstehende Schwung wird ausgenutzt zur Vollendung der Rolle.

- Vierte Phase: Im Moment der Berührung zwischen Flossen und Wand erfolgt der kräftige Abstoß. Noch während des Abstoßens erfolgt die Schraubenbewegung, um aus der Rückenlage wieder in die Bauchlage zu kommen.

Die Unterwassergleitphase ausnutzen; erst dann wieder mit Schwimmbewegungen beginnen.

Beim Kraultraining der Tauchclubs werden Strecken zwischen 200 und 1000 m geschwommen. Für die 1000 m werden Zeiten zwischen 13 und 17 Min. benötigt (keine Wettkampfzeiten).

Übungen für Fortgeschrittene

Die im folgenden aufgezeigten Übungen erweitern die vorangegangenen. Sie sind geeignet, daß Tauchtraining in der Halle interessant zu gestalten und den richtigen Schliff zu geben in der gekonnten Bewegung mit der ABC-Ausrüstung im Wasser.

1. Übung: Sprung ins Wasser
Ziel: auf unkomplizierte Art sicher ins Wasser gelangen; als Vorübung für das Springen mit Gerät gedacht
Hinweis: Gesprungen werden darf nur, wenn die Durchsichtigkeit des Wassers die Feststellung ermöglicht, daß keine Hindernisse vorhanden sind.

Fußsprung. Es ist der sicherste Sprung, der bis aus 5 m Höhe ausgeführt werden kann.
Unmittelbar vor dem Absprung überzeugen, daß sich keine andere Person im Einsprungbereich befindet. Während des Sprungs Beine geschlossen halten, mit einer Hand die aufgesetzte Maske festhalten (!), Wasseroberfläche beobachten. Erst kurz vor dem Eintauchen den Kopf etwas anheben, damit die Maskenscheibe nicht frontal auf das Wasser prallt.

Rolle rückwärts. Sie wird da vorteilhaft angewendet, wo ein unsicherer Stand den Fußsprung erschwert oder unmöglich macht, zum Beispiel im schwankenden Boot.

Auf der Kante (eines Boots, Stegs, Sprungbretts) sitzend, den Rücken dem Wasser zugewandt, läßt man sich nach hinten fallen. Der Schwung der Beine sorgt für genügenden Abstand zur Absprungkante. Der Aufprall auf das Wasser erfolgt mit Kopf/Schulter. Die Maske wird bis nach dem Eintauchen festgehalten.

2. Übung: Maske ausblasen
Ziel: in jeder Situation in der Lage sein, in die Tauchmaske eingedrungenes Wasser sofort entfernen zu können

Dieser Übung kommt eine überragende Bedeutung zu, auch und gerade im Hinblick auf das spätere Tauchen mit Gerät. Das Ausblasen der Maske muß so perfekt geübt sein, daß es fast reflexmäßig (also ohne notwendige Überlegung bezüglich des technischen Vorgangs) vollzogen werden kann! Nur so erreicht man, daß eine voll Wasser gelaufene Maske nicht den Anlaß zu einer Panik gibt.

Das Ausblasen der Maske kann auch ohne Benutzung eines PTG erlernt werden. Als Übungsplatz ist das Schwimmbecken sehr gut geeignet.

Die ersten Versuche werden am besten im brusttiefen Wasser gestartet. Durch Hinhocken bringt man den Kopf mit der aufgesetzten Maske knapp unter die Oberfläche. Durch ein Gewicht bzw. die abwärts drückende Hand eines Partners fallen ablenkende, störende Auftriebsprobleme fort. Der Kopf wird jetzt so weit nach hinten geneigt, daß die Maskenscheibe einen Winkel von etwa 45 Grad aufweist, man also schräg nach oben gegen die Wasseroberfläche blickt.

Mit beiden Händen wird nun die Maske erfaßt und etwas vom Gesicht abgehoben, bis sie voll Wasser gelaufen ist. Dann wird die Maske wieder ans Gesicht gelegt und nur unten, im Bereich der Oberlippe, etwa 5 bis 10 mm geöffnet. Jetzt wird Luft durch die Nase eingeblasen. Die Luft sammelt sich im oberen Teil der Maske, bildet eine immer größer werdende Blase und drückt so das Wasser nach unten und aus der Öffnung heraus. Soweit der physikalische Vorgang.

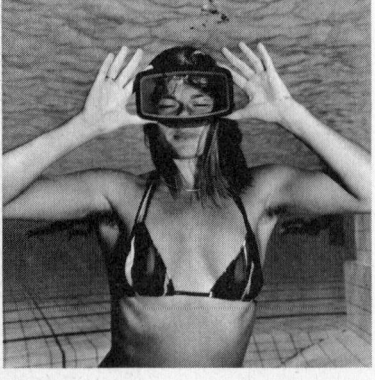 

Schwierigkeiten beim Ausblasen der Maske oder auch beim restlosen Entfernen des Wassers kann es geben, wenn folgende(r) typische Fehler gemacht werden:

- Die Maske wird oben statt unten geöffnet.
- Die Maske wird unten zu weit abgehoben, so daß seitlich neues Wasser einbricht.
- Der Kopf wird nicht weit genug nach hinten gebeugt, dann bleibt Restwasser in den Ausbuchtungen der Maske zurück.
- Der Kopf wird zu weit nach hinten gebeugt; dann kann Wasser in die Nase eindringen und/oder in den Augenhöhlen liegen bleiben.

Mitunter sind Taucher trotz größter Anstrengungen nicht in der Lage, genügend Luft aus der Nase abzugeben; ein Reflex, der bei Berührung des Gesichtsfeldes (Nase, Augen) mit Wasser einsetzt, blockiert die Ausatmung durch die Nase. In solch einem Fall muß der Betreffende bei allen sich bietenden Gelegenheiten (Badewanne, Schüssel mit kaltem Wasser, Schwimmbad) versuchen, sich an die Ausatmung durch die Nase im Wasser zu gewöhnen, den Reflex also willentlich abzuschalten.

Als perfekt gekonnt kann die Übung bezeichnet werden, wenn sie in 1 bis 2 Sek. durchgeführt ist und dabei in etwa nur so viel Luft verbraucht wurde, wie es der verdrängten Wassermenge entspricht.

Moderne Tauchmasken mit ihrem geringen Volumen ermöglichen ein mehrmaliges Ausblasen mit einer einzigen Lungenfüllung.

3. Übung: Streckentauchen in verschiedenen Lagen/Stilarten
Ziel: Technik und Gewandtheit steigern, Gleichgewichtsgefühl entwickeln, Bewegungsablauf rationalisieren

Alle Übungen können mit verschiedenen Geschwindigkeiten variiert werden. Im Hallenbad läßt sich das Ganze sehr gut mit dem Schnorchel kombinieren.

Beispiel: 25-m-Streckentauchen. Auftauchen und Wende. 25 m langsam zurückschnorcheln, währenddessen erholen und vorbereiten für sofort anschließenden weiteren Tauchversuch.

1. Tauchen in Brustlage, Arme in Vorhalte (Foto Seite 58 oben)
Der Effekt liegt hier in der Konzentration auf den Beinschlag. Gleichzeitig ‹erfährt› man die Wirkung der Hände als Tiefenruder, und zwar durch Veränderung der Anstellfläche.

2. Tauchen in der Rückenlage (Foto Seite 58 unten)
Sich sicher in ungewohnter Lage bewegen können und die Orientierungsfähigkeit schulen ist das spezielle Ziel dieser Übung.

Ablauf: Der Start beginnt zunächst normal in Brustlage. Nach etwa 2 bis 3 m dicht über Grund dreht man sich schnell in Rückenlage und taucht ohne Stopp weiter. Dabei muß der Kopf so weit in den Nacken

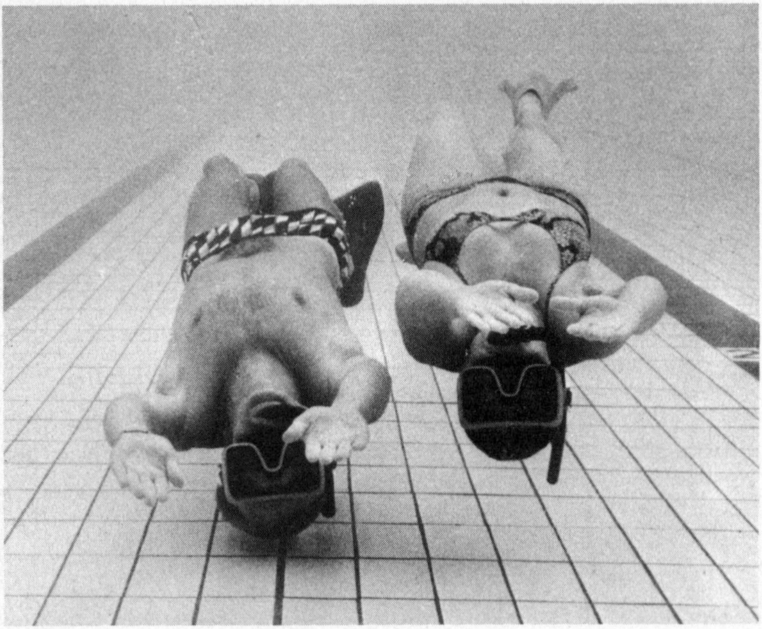

abgewinkelt werden, daß die zu tauchende Strecke visuell erfaßt wird.
Jetzt versuchen, auf möglichst gerader Linie ins Ziel zu gelangen.
Interessant ist, daß viele Taucher angeben, in Rückenlage und nach
Zurücklegung ihrer üblichen Tauchstrecke die Atemnot nicht so stark
zu empfinden wie beim Tauchen in Brustlage. Eine fundierte Erklärung
für dieses Phänomen gibt es allerdings nicht.

3. Tauchen im Delphinstil

Bezeichnend für diesen Stil ist der Einsatz des ganzen Körpers sowie der charakteristische Beinschlag. Die Beine werden nicht im Wechselschlag, sondern im Gleichschlag bewegt.

Es ist ein Tauchstil, der geübt sein will, elegant aussieht, hohe Geschwindigkeiten ermöglicht. Seine Ausübung ist allerdings auf das Hallentraining bzw. auf Wettkampfveranstaltungen beschränkt.

Das Kriterium beim Delphinstil ist das Erlernen und Beherrschen des optimalen Bewegungsablaufs. Der Vortrieb durch den geschlossenen Beinschlag ist nur dann möglich, wenn der ganze Körper in den Bewegungsablauf eingeschaltet ist.

Ablauf: Den gesamten Körper durchläuft im fließenden Rhythmus eine ständige Wellenbewegung. Bei Arme in Vorhalte beginnt diese Bewegung in den Händen und Armen, setzt sich mit gleichmäßiger Geschwindigkeit über den Rumpf bis in die Beine fort und läuft in einem kräftigen Flossenschlag aus (Peitscheneffekt).

Zur ersten Gewöhnung an den Flossengleichschlag ist das Delphinschwimmen in Rückenlage mit angelegten Armen zu empfehlen.

4. Drehen um die Körperachse

Hierbei dreht man sich während einer Tauchstrecke von zum Beispiel 25 m ständig um die eigene Achse im Rhythmus von drei- bis fünfmal links und drei- bis fünfmal rechtsherum. Dabei wird ein Drehschwindel erzeugt, der höchste Konzentration auf die Orientierung erfordert.

4. Übung: Looping
Ziel: Gewandtheit und Orientie-
     rungsfähigkeit steigern
Beim Looping sind auf kleinstem
Raum Kreise in vertikaler Rich-
tung zu tauchen.
Variationen: Looping vorwärts,
rückwärts, in Verbindung mit
Streckentauchen.
Die Armhilfe ist ein wichtiger
Faktor beim Looping. Armgleich-
zug bzw. kreisende Armbewegun-
gen ermöglichen einen engen Ra-
dius.

5. Übung: Anlegen der ABC-Ausrüstung unter Wasser
Ziel: auch ohne Benutzung der Tauchmaske unter Wasser ‹sehen› kön-
 nen und bestimmte Aufgaben lösen
Die Ausrüstung auf 3 bis 4 m Tiefe versenken, nachtauchen, suchen,
anlegen, Maske ausblasen.
Natürlich ist es vorteilhaft, als erstes die Maske zu suchen und anzule-
gen. Anfänger verschwenden aber nicht selten ihre Luft beim Maske-
Ausblasen derart, daß ihnen dann kein Sauerstoff mehr bleibt für das
Anziehen der Flossen.

6. Übung: Geschicklichkeitstauchen
Ziel: Körperbeherrschung, Konzentrationsfähigkeit steigern
Für solche Übungen gibt es zahlreiche Varianten. Der Phantasie sind
hier kaum Grenzen gesetzt.
Bezeichnend ist, daß fast immer zur Durchführung Gegenstände unter
Wasser aufgebaut werden müssen.
Beliebt ist das Durchtauchen von engen Tunnels, Toren, Reifen (siehe
Foto unten). Die Forderung dabei lautet: Möglichst schnelles Passieren
der Hindernisse ohne Berührung oder gar Hängenbleiben! Dabei ent-
wickelt man ein Gefühl dafür, in welcher Position sich Beine und
Flossen befinden. Weitere Übungen sind: Anschrauben und Montieren
von Gegenständen.

7. Übung: Gewichte bergen
Ziel: Beinmuskeln auf kurzzeitige Höchstbelastungen trainieren
Auch im Hinblick auf späteres Gerätetauchen ist die Fähigkeit zu
kräftigen Spurts, zum Beispiel beim Bergen eines Gegenstands oder
beim Tauchen gegen eine plötzliche Strömung wichtig.

Aufgabe ist, ein Gewicht (Bleigürtel), dessen Schwere je nach Trainingsstand variiert wird, aus 2 bis 4 m Tiefe zu bergen.
Man lernt unter anderem dabei, wie wichtig der kräftige Abstoß vom Grund ist; dabei muß man das Gewicht so halten, daß die Beinarbeit nicht behindert wird.

8. Übung: Schwimmen und Tauchen mit einer Flosse/ohne Schnorchel
Ziel: sich auch mit unvollständiger Ausrüstung sicher im Wasser bewegen
Der Verlust einer Flosse während des Tauchens oder Schwimmens im freien Wasser ist kein Grund zur Beunruhigung – wenn eine solche Situation gelegentlich simuliert und somit trainiert worden ist. Genau wie beim normalen Flossenschwimmen wird dabei der Wechselbeinschlag angewendet. Ungewohnt dabei ist zunächst das ‹Ins-Leere-schlagen› des Beins ohne Flosse.
Das Schwimmen an der Oberfläche nach dem Verlust des Schnorchels wirft insbesondere dann Probleme auf, wenn zusätzliche Ausrüstung (UW-Kamera, Tauchgerät) transportiert werden muß. Nur die Rückenlage ermöglicht dann ein sicheres und bequemes Schwimmen.

Spezielle Partnerübungen
9. Übung: Schwimmen an der Oberfläche mit Schnorchelwechsel
Ziel: Training auf Wechselatmung für Tauchen mit PTG
Zwei bis vier Taucher schwimmen eine Strecke von 50 m in Brustlage. Für die Gruppe ist nur ein einziger Schnorchel vorhanden. Jeder Teilnehmer nimmt zwei bis drei Atemzüge durch den Schnorchel, reicht ihn dem nächsten Schwimmer und hält die Luft so lange an, bis er wieder in den Besitz des Schnorchels kommt.

10. Übung: Maskenwechsel während des Tauchens
Ziel: Maske aufsetzen und ausblasen ohne Unterbrechung der Fortbewegung
Zwei Taucher schwimmen über eine Distanz von 25 m in gleichmäßigem Tempo nebeneinander her. Dabei tauschen sie ihre Tauchmasken aus, setzen die jeweils andere auf, blasen sie aus und tauchen die Strecke zu Ende.

11. Übung: In Reihe tauchen (Foto Seite 63 oben)
Ziel: Training auf das Tauchen mit der Gruppe in freiem Wasser
Ständige Beobachtung des Partners wie auch die Fähigkeit zusammenzubleiben, sind wichtige Kriterien beim Tauchen in der Gruppe.

Bei dieser Übung versuchen drei bis fünf Taucher, eine Distanz von 25 m mit gleichmäßiger Geschwindigkeit so zu durchtauchen, daß alle Teilnehmer in Formation schwimmen. Während der ganzen Strecke sollen die Taucher also auf gleicher Höhe und in gleicher Tiefe zusammenbleiben.

12. Übung: Schieben des Partners unter Wasser
Ziel: Geschicklichkeit und Kraft einsetzen, um einen Gegenstand während des Tauchens führen und bugsieren zu können
Zwei Teilnehmer tauchen kurz hintereinander ab. Der Hintermann packt die Fersen des wartenden Vordermanns und schiebt diesen mit kräftigen Flossenschlägen über eine Distanz von 15 bis 25 m. Dem Vorantauchenden kommt dabei die Aufgabe der ‹Tiefensteuerung› durch entsprechenden Anstellwinkel der Arme bzw. Hände zu.

13. Übung: Ziehen des Partners über Wasser durch Armzug
Ziel: Konditionsübung für die Armarbeit
Über eine Strecke von circa 50 m zieht ein Flossenschwimmer seinen
Partner. Der hält sich an den ruhenden Flossen des Ziehenden fest. –
Wichtig: Der Gezogene sollte die Beine des Ziehenden dicht an der
Wasseroberfläche halten. So wird diesem die Arbeit erleichtert.

14. Übung: Bergen und Abschleppen
Ziel: den Ernstfall trainieren, um bei Unfällen Hilfe leisten zu können
Mit Hilfe der ABC-Ausrüstung ist es sehr gut möglich, im Wasser
verunglückte Menschen zu finden und zu bergen.
Beim Training geht man so vor: Ein Taucher geht in 3 bis 5 m Tiefe in
‹Wartestellung›. Der Partner taucht nach, packt den ‹Verunfallten› am
Arm bzw. an den Schultern und bringt ihn an die Oberfläche. Der
Helfende faßt den zu Schleppenden dann von hinten so, daß dessen
Kinn-Hinterkopf-Partie in seinen Händen liegt. Während des Ab-
schleppens befinden sich beide Partner in Rückenlage. – Wichtig: Auf
der gesamten Schleppstrecke, die zwischen 50 bis 250 m liegen soll,
darauf achten, daß der Mund des ‹Verunglückten› so weit über Wasser
ist, daß die Atmung nicht behindert wird.

Tauchen und Schnorcheln im freien Wasser

Der gekonnte Umgang mit Flossen, Maske und Schnorchel eröffnet im
freien Wasser vielfältige Möglichkeiten. Die Anwendung und Erhaltung des Erlernten verlangt zumindest gelegentliches Tauchen mit
ABC-Ausrüstung im Freiwasser. Das gilt insbesondere für die ‹Nur-
Gerätetaucher›. Es dürfte einleuchten, daß derjenige im Vorteil ist, der
beides beherrscht: das Tauchen mit und ohne Gerät.
Das Schnorcheln kann schon einmal im Alleingang geschehen, wenn
sich der Taucher schwimmend und beobachtend an der Wasseroberfläche bewegt. Wenn aber getaucht werden soll, und sei es nur bis 2 m
Tiefe, dann gehört unbedingt ein Partner dazu. Nur ein gut ausgebilde-
ter Tauchpartner ist in der Lage, bei einem Tauchunfall die entschei-
denden Sekunden zwischen eventuell eingetretener Ohnmacht und
dem Hochschaffen an die Oberfläche zu nutzen.
Hallentraining und problemloser Druckausgleich sind als Vorbereitung
auf größere Tauchtiefen nicht ausreichend. Bei den ersten Versuchen
im Freiwasser wird man kaum Tiefen von über 5 m erreichen können.
Für viele Taucher gilt es, zunächst die Angst vor der Tiefe zu überwinden.

Diese Beklemmung erklärt sich aus der Furcht vor der zunehmenden
Dunkelheit und vor dem Unbekannten. Hinzu kommt die abnehmende
Temperatur. Schließlich gilt es zu bedenken, daß das angestrebte Ziel
am Meeresgrund nur eine Hälfte der Tauchstrecke ausmacht; der
Rückweg zur Oberfläche muß einkalkuliert werden.

Sicher sind diese Faktoren in ihrer Wirkung stark von dem Gewässer
abhängig. So ist das Abtauchen auf 10 m Tiefe in der kalten, nicht sehr
klaren und relativ dunklen Ostsee als Leistung wesentlich höher zu
bewerten als der gleiche Versuch im glasklaren und angenehm warmen
Mittelmeer.

Jeder Sporttaucher sollte ohne besondere Anstrengungen 8 bis 10 m
Tiefe erreichen können. Auf das Tieftauchen trainierte Sporttaucher
kommen auf 20 bis 30 m.

Dem Tieftauchen ohne Atemgerät sind weniger wegen des Luftanhaltevermögens Grenzen gesetzt; vielmehr spielt die Zusammenpreßbarkeit des Brustkorbs bzw. der Lunge eine entscheidende Rolle. Wird eine bestimmte individuelle Grenze überschritten, kommt es zu Schädigungen durch das *Lungenbarotrauma.*

Die persönliche Tiefengrenze läßt sich nach dieser Formel errechnen:

$$\frac{\text{Gesamtvolumen}}{\text{Minimalvolumen}} = \text{zulässiger Druck in bar.}$$

Diese Berechnung hat allerdings nur theoretischen Wert, zumal sie eine Maximaltiefe für den Normaltaucher angibt, von der dieser zu Beginn eines sportlichen Trainings noch weit entfernt ist. – Wie tief man tauchen kann, ist deshalb zunächst eine Frage des Tieftauchtrainings.

Die persönliche Tiefengrenze wird bestimmt durch das Luftanhaltevermögen, die Gewöhnung an das Tieftauchen, die Überwindung von Unsicherheit und Angst und durch den Ehrgeiz des Tauchers.

Den Beginn des relativen Unterdrucks in der Lunge spürt ein Taucher durch ein Soggefühl im Kehlbereich.

Beim Tauchen im Freiwasser gilt: Hyperventilation ist gefährlich! Zwar ist die Wahrscheinlichkeit eines Blackouts nicht größer als im Schwimmbad, doch eine Ohnmacht im freien Wasser ist ungleich problematischer.

Eine gewisse Voratmung muß sein, sollte aber auf zehn Atemzüge beschränkt werden.

Im Gegensatz zum Streckentauchen muß beim Tieftauchen die Lunge maximal gefüllt sein. Dadurch verschiebt man die Grenze der Brustkorb-Kompressibilität, kann also tiefer tauchen als etwa mit halber Lungenfüllung.

Zur *Ausrüstung* beim Tauchen im Freiwasser gehören Flossen, Maske, Schnorchel, Tauchanzug und Bleigürtel.

Bei der Maske ist es ratsam, auf ein möglichst kleines Volumen zu achten. Je geringer dieses ist, um so weniger der Luft muß zwecks Druckausgleich in die Maske abgegeben werden. Ein Messer und ein Tiefenmesser sind wichtige Hilfsmittel auch beim Tauchen ohne Gerät.

Wird mit Neoprenanzug getaucht, muß eine *Austarierung* mit Blei erfolgen.

Einflußfaktoren auf die Tarierung

Gegebenheiten: Aufzusuchende Tiefe, Anzugmaterialstärke, Dichte des Mediums (Salz-, Süßwasser)

Voraussetzungen: Aufgabenstellung, Kondition, Erfahrung

Wassertiefe: Sie bewirkt eine Volumenänderung des Körpers und auch des Tauchanzugs durch die Kompressibilität der Lunge wie auch des Materials (Boyle-Mariottesches Gesetz).

Materialstärke: Die eingeschlossenen Gasblasen werden bei Druckzunahme entsprechend komprimiert. Je umfangreicher der Anzug (zum Oberteil die Hose, Kopfhaube, Füßlinge) und je stärker das Material, desto größer wird die Volumenänderung. In der Folge kommt es zu Auftriebsveränderungen.

Wasserdichte: Salzwasser bewirkt stärkeren Auftrieb und erfordert daher einen schwereren Bleigürtel (je nach Anzug und Salzgehalt 1 bis 2,5 kg).

Aufgabenstellung: Zwei Beispiele: Ein UW-Fotograf wird relativ viel Blei anlegen, um auf dem Grund eine gewisse Standfestigkeit zu erreichen. Will dagegen ein Taucher einen Gegenstand bergen, wird er dies mit einem Minimum an Blei versuchen.

Kondition: Sie ermöglicht, die erheblichen Auftriebsdifferenzen durch entsprechende Beinarbeit leichter auszugleichen.

Erfahrung: Sie ist unumgänglich, um die Bestückung des Bleigürtels in Anbetracht der zu erwartenden Voraussetzungen in etwa festzulegen.

Aufgrund der verschiedenen objektiven Einflußfaktoren wie auch der subjektiven Beurteilung der Situation ist es nicht möglich, das richtige Gewicht eines Gürtels präzise zu errechnen. Als sehr sicher und angenehm hat sich erwiesen, den Bleigürtel so zu bestücken, daß man in der Zone 0 bis 5 m positiven Auftrieb hat, also ohne eigenes Zutun zur Oberfläche treibt.

● Tieftauchen

Am Beispiel eines Tauchversuchs auf 10 m Tiefe mit Neoprenanzug werden die einzelnen Phasen des Tauchvorgangs dargestellt.

10 m Wassertiefe sind für einen Freitaucher bereits eine gute Leistung. Die angestrebte Tauchtiefe muß nicht bereits beim ersten Versuch erreicht werden; besser ist das ‹Herantasten› durch zwei vorhergehende Tauchversuche auf 5 und 8 m Tiefe. Dabei können Sicht, Strömung, Kälte und Kondition getestet werden. Das Vorhaben wird mit dem Tauchpartner genau durchgesprochen. Dann beginnt der Versuch selbst. Der Körper liegt entspannt an der Wasseroberfläche, und die Voratmung erfolgt. Nach entsprechenden Handzeichen zwischen den Partnern taucht die Gruppe ab.

Der zunächst noch deutlich positive Auftrieb verlangt schwungvolles Abtauchen und starkes Beschleunigen auf den ersten Metern. Gleichzeitig muß Druckausgleich erreicht werden, spätestens in 2 m Tiefe, auf jeden Fall bevor ein Schmerz in den Ohren als Warnsignal auftritt.

Sind 4 bis 5 m Tiefe erreicht, kann der Energieeinsatz gedrosselt werden. Man passiert die Zone des hydrostatischen Gleichgewichts.

In 7 bis 8 m Tiefe beginnt der Übergang in den ‹freien Fall›. Ohne eigene Bewegung sinkt man mit einer Geschwindigkeit von 1 bis 2 km/h dem Grund entgegen und geht in den ‹Landeanflug› über.

Während des gesamten Abtauchens dürfen die Partner sich nicht aus den Augen lassen. Stoppt einer der Taucher etwa wegen Schwierigkeiten beim Druckausgleich, dann wartet auch der Begleiter.

Der Aufstieg beginnt mit verstärktem Kräfteeinsatz. Zunächst in die Knie gehend und sich dann vom Grund abstoßend, durchschwimmt der Taucher nun mit kräftigem Antritt die Zone des negativen Auftriebs. Je höher er steigt, desto geringer wird der notwendige Kräfteeinsatz. Dies ist eine Erleichterung, die dem schwindenden Sauerstoff im Blut entgegenkommt.

Die letzte Phase des Aufstiegs geht in flottem Tempo vor sich, wenn nicht durch Einstellung der Flossenarbeit oder sogar durch Ausbreiten der Arme gebremst wird. In jedem Fall muß man sich während der letzten Meter langsam im Kreis drehen, die Oberfläche beobachten und auf Geräusche achten. Sich nähernde Motorboote sind eine große Gefahr für Taucher. Nach Durchbrechen des Wasserspiegels verschafft man sich durch eine schnelle Drehung um die eigene Achse einen Überblick über die Situation an der Wasseroberfläche.

● Suche und Bergung kleinerer Gegenstände
In Jachthäfen geht im Laufe einer Saison mancher wertvolle Gegenstand versehentlich über Bord. Viele dieser Objekte können mit geringem Aufwand geborgen werden, wenn ein geübter Taucher zur Stelle ist.

Die Aussichten für die Wiederauffindung steigen bei genauer Kenntnis der Untergangsstelle, umgehendem Bergungsbeginn, guter Sicht und umsichtigen Verhalten des Tauchers. Die Chancen sinken rapide, wenn die Stelle, an der der Gegenstand ins Wasser fiel, nur vage bekannt ist, die Suche erst drei Tage und später begonnen wird, die Sicht nur 1 m oder weniger beträgt, wenn Strömungen vorhanden sind oder wenn der Taucher ungeschickt und nachlässig handelt.

Sehr oft wird das gesuchte Objekt nicht beim ersten Abtauchen gefunden. Mehrfaches Tauchen ist erforderlich, wobei es von entscheidender Bedeutung ist, daß der Taucher den Grund nicht mit Flossenschlägen aufwühlt. Das Wasser wäre sofort undurchsichtig und der gesuchte Gegenstand mit einer tarnenden Schlammschicht überzogen.

Sind mehrere Meter unter Wasser abzusuchen, dann nimmt man während des Tauchens eine Schräghaltung ein. Der Kopf befindet sich dicht über Grund, die Flossen sind circa 80 cm höher. Beim Auftauchen stellt man die Flossenarbeit ein und läßt sich ohne jede Bewegung hochtreiben. Bei Verwendung eines Tauchanzugs muß man dazu den Bleigürtel um ein bis zwei Gewichte reduzieren.

Ist trotz genau bekannter Untergangsstelle nichts zu finden, dann kann das Objekt bereits von einer dünnen Schlammschicht bedeckt sein. Man versucht in diesem Fall, an der vermuteten Stelle die oberen Schlammschichten durch geschickte Handbewegungen ‹fortzuwedeln›!

Tauchen mit Preßlufttauchgerät

Tauchphysiologie und Tauchphysik

Um die Wirkung der Gase im menschlichen Körper beurteilen zu können, muß man zunächst wissen, daß sich Gase in Flüssigkeiten lösen; sie werden selbst flüssig. Wie schnell sich wieviel Gas in einer Flüssigkeit löst, erklärt das *Henrysche Gesetz*: Die in einer Flüssigkeit gelöste Gasmenge ist seinem Partialdruck auf der Flüssigkeitsoberfläche proportional.

Partialdruck heißt Teildruck. Nach dem *Daltonschen Gesetz* ergibt sich der Gesamtdruck eines Gasgemischs aus den addierten Pardialdrücken der verschiedenen Gasanteile.

Beispiel: Der (a) in Meeresspiegelhöhe und (b) in 10 m Wassertiefe herrschende Gesamtdruck des Gasgemischs ‹Luft› setzt sich aus folgenden Partialdrücken zusammen:

Gas	prozentualer Anteil	Partialdruck in Meeresspiegelhöhe	Partialdruck in 10 m Tiefe
Sauerstoff	20 %	0,20 bar	0,40 bar
Stickstoff	79 %	0,79 bar	1,58 bar
Restgase (CO_2, Edelgase)	1 %	0,01 bar	0,02 bar
= Luft	100 %	1,00 bar (= Gesamtdruck)	2,00 bar (= Gesamtdruck)

Jedes im Gemisch enthaltene Gas übt also nur den Druck aus, der seinem Anteil entspricht. Nach dem Henryschen Gesetz gilt: Je höher der Partialdruck eines Gases ist, desto mehr löst sich von ihm in einer Flüssigkeit.

Weitere Faktoren, die für die Löslichkeit von Gasen eine Rolle spielen, sind die Art des Gases, sein Lösungskoeffizient, die Größe der Flüssigkeitsoberfläche sowie Art und Temperatur der Flüssigkeit.

Auf das Tauchen mit Preßluft bezogen, ist es wichtig zu wissen, wie sich die Gasanteile bezüglich der Löslichkeit und Wirkung im Körper verhalten.

Sauerstoff (O_2):
Der Sauerstoff-Partialdruck darf in der Atemluft 1,8 bis 2 bar nicht überschreiten. Ein höherer Teildruck führt nach einer gewissen Zeit zur Sauerstoffvergiftung (Hyperoxie).

Dieser medizinisch zulässige Teildruck wird beim Tauchen mit Preßluft in 80 bis 90 m Tiefe erreicht (Rechenbeispiel für 80 m Tiefe: 9 bar mal 0,20 bar = 1,8 bar O_2-Teildruck).

Anmerkung: Bei der Atmung von reinem Sauerstoff wird der kritische Partialdruck bereits in 8 m Tiefe erreicht. Daher sind Sauerstofftauchgeräte für Sporttauchzwecke zu gefährlich.

Der Sauerstoff geht im Blut in Lösung, wird jedoch von den Geweben verbraucht. Es kommt zu keinem Überschuß an Sauerstoff im Blut. Dieses Gas ruft daher beim Auftauchen keine Komplikationen hervor.

Kohlendioxid (CO_2):
Da dieses Gas aufgrund seines schnellen Lösungskoeffizienten das Gewebe rasch verläßt und teilweise auch im Körper gebunden wird, gibt es beim Auftauchen ebenfalls keine Probleme.

Stickstoff (N_2):
Stickstoff ist das Problemgas beim Preßlufttauchen. Dieses chemisch neutrale Gas führt 1. zu Narkosewirkungen, die als Tiefenrausch bezeichnet werden. 2. wird vom Stickstoff aufgrund seines hohen Partialdrucks relativ viel im Körpergewebe gelöst. Den Vorgang bezeichnet man als Stickstoffsättigung.

Dieses Gas wird vom Körper weder verbraucht noch gebunden. Die Entsättigung beim Auftauchen vollzieht sich durch eine Stickstoffverflüchtigung über die Ausatmung. Ist eine bestimmte durch Tauchzeit und -tiefe bedingte kritische Menge Stickstoff im Gewebe gelöst und wird dieser Lösung nicht genügend Zeit gegeben, über die Lunge wieder abgeatmet zu werden, dann kommt es zum Stickstoffüberschuß. Dieser bewirkt eine Gasblasenbildung im Blut in den verschiedenen Geweben

des Körpers. Es kommt zum *Dekompressionsunfall* (‹Caisson-Unfall›).
Dekompression, im folgenden mit ‹Deko› abgekürzt, heißt Druckentlastung. Für das Tauchen mit Preßluft bedeutet dieser Vorgang, daß bei
Überschreitung einer bestimmten Tauchzeit in einer bestimmten Tiefe
die Einhaltung von Auftauchpausen notwendig wird. Wird diese physikalische Notwendigkeit ignoriert, dann wird ein Deko-Unfall die Folge
sein.

Den Eintritt eines Deko-Unfalls bemerkt der Taucher in keinem Fall
während des Aufstiegs. Es vergehen etwa 10 bis 60 Min. nach dem
Erreichen der Oberfläche, bevor sich Symptome bemerkbar machen.
Leichte Formen sind Bends (Gelenkschmerzen). Betroffen werden
meist Schulter-, Ellbogen- und Handgelenke. Es kommt zu leichten bis
schweren Schmerzen in diesen Bereichen. Weiter tritt Hautjucken
(‹Taucherflöhe›) auf. Vor allem im Rumpfbereich kommt es an verschiedenen Hautbereichen zu einem starken Juckreiz, verbunden mit
einem Fleckigwerden der Haut.

Schwere Formen sind eine Blockierung von Blutbahnen und Teilen des
zentralen Nervensystems durch Gasblasen, was zu Atmungsstörungen,
Lähmungen an den Gliedmaßen oder einer halbseitigen Lähmung des
Körpers, zu Störungen der Schließmuskelfunktion von Darm und Blase
oder einer Luftembolie im Gehirn führen kann.

Zur Verhinderung von Deko-Unfällen erfordert das Tauchen mit
Preßluft über eine bestimmte Zeit und Tiefe hinaus die Beachtung
sogenannter Dekompressionsstufen und -pausen, die aus Deko-Tabellen abgelesen werden können. Diese Tabellen geben sowohl die Nullzeiten wie auch die gegebenenfalls einzuhaltenden Deko-Pausen auf
den vorgeschriebenen Deko-Stufen an.

Dekompressionstabelle

Nullzeiten
Die Nullzeit ist die Tauchzeit, die der Taucher in einer bestimmten
Wassertiefe verbringen kann, ohne beim anschließenden Aufstieg Pau-
sen einlegen zu müssen.
In der folgenden Tabelle sind Nullzeiten für die beim Sporttauchen
interessanten Wassertiefen aufgeführt (nach US-Navy-Tabelle).
Die *Tauchzeit* ist die am Grund des Gewässers verbrachte einschließ-
lich der für den Abstieg benötigten Zeit.
Die *Aufstiegsgeschwindigkeit* darf 18 m/Min. nicht übersteigen. Nur
unter dieser Voraussetzung gelten die angegebenen Nullzeiten, wie
überhaupt die ganze Tabelle unter Berücksichtigung dieser maximalen
Auftauchgeschwindigkeit aufgebaut ist.

Tiefe	Nullzeit	Tiefe	Nullzeit
12 m	200 Min.	36 m	15 Min.
15 m	100 Min.	39 m	10 Min.
18 m	60 Min.	42 m	10 Min.
21 m	50 Min.	45 m	5 Min.
24 m	40 Min.	48 m	5 Min.
27 m	30 Min.	51 m	5 Min.
30 m	25 Min.	54 m	5 Min.
33 m	20 Min.	57 m	5 Min.

Wird ein *Schnellaufstieg* vorgenommen, so kann es durch den plötzlichen Druckabfall trotz Einhaltung der übrigen Tabellen-Vorschriften zu einem Deko-Unfall kommen.
Bis zu einer Tiefe von 10 m ist die Nullzeit unbeschränkt. Aus dieser Tiefe kann ohne Deko-Pausen aufgetaucht werden. Man spricht für die Tiefe bis 10 m von einer *ewigen Nullzeit*. Die Begründung liegt darin, daß der Druck des gelösten Stickstoffs bis zu 100 Prozent über dem Umgebungsdruck liegen kann, ohne daß es zur Gasblasenbildung kommt.
Für Tiefen zwischen 20 und 40 m gibt es eine Nullzeit-Faustregel, die sogenannte ‹Neunziger-Nullzeitregel›. Der Taucher muß die aufzusuchende Tiefe mit zwei multiplizieren und das Ergebnis von 90 subtrahieren. Er erhält dann seine Nullzeit.
Beispiel: Tauchtiefe 20 m mal 2 = 40. 90 minus 40 = 50 Min. Nullzeit.

Deko-Pausen und -Stufen
Es gibt mehrere Deko-Tabellen. Bekanntgeworden sind die Tabellen der französischen und britischen Marine, der US-Navy und des Dräger-Werks in Deutschland. Diese verschiedenen Tabellen weisen bei gleicher Eingabe von Zeit und Tiefe zum Teil beachtliche Unterschiede bezüglich der Deko-Zeiten auf. Die Gründe liegen zum einen darin, daß die Tauchmedizin eine relativ junge Wissenschaft ist. Endgültige Aussagen darüber, welche Faktoren wie weit die Gasblasenbildung beeinflussen, stehen noch aus. Zum anderen enthält jede Tabelle Sicherheiten, Reserven. Dieser Toleranzbereich ist Ermessenssache des Herausgebers. Wer eine nach seiner Tabelle richtige Deko-Zeit etwa um ein oder zwei Minuten unterschreitet, ist deshalb keineswegs automatisch zum Caisson-Unfall ‹verurteilt›.
Erforderlich ist die Einberechnung einer Sicherheitsreserve deshalb, weil die Wahrscheinlichkeit eines Deko-Unfalls individuell unter-

schiedlich ist. So können in einer Dreiergruppe, die die Deko-Vorschrift außer acht läßt, zwei Teilnehmer verunglücken, während der dritte unbehelligt bleibt.

Schwankungen der persönlichen Konstitution sind wahrscheinlich ebenfalls von Einfluß. Gravierend ist die Bedeutung des unterschiedlich starken Fettgewebes verschiedener Taucher. Fettleibige sind (zunächst) beim Aufenthalt in der Nähe der Nullzeitgrenze im Vorteil, das Fettgewebe ist ein relativ ‹langsames Gewebe›, braucht viel Zeit für die Stickstoffsättigung. Nach langer Tauchzeit wird das Polster zum Nachteil. Ist dieses Gewebe erst einmal zu einem erheblichen Teil mit Stickstoff gesättigt, dann dauert die Entsättigung und damit die Austauchzeit erheblich länger als bei einem schlanken Taucher.

Die hier veröffentlichte Deko-Tabelle (siehe Seite 78 und 79) wurde im Deutschen Unterwasser-Club Berlin anhand der US-Navy-Tabelle entwickelt. Aufgrund ihrer einfachen und damit guten Ablesbarkeit, ihrer geringen Größe (8,5 mal 12,5 cm) und der absolut wasserdichten Plastikumhüllung ist diese Austauchtabelle bei deutschen Sportlern sehr beliebt. Sie wird in vielen Tauchclubs verwendet.

Die Vorderseite der Tabelle (Seite 78) ist in vier Spalten aufgeteilt. Die erste Spalte enthält drei Kolonnen.

In der ersten Kolonne wird die maximal aufzusuchende bzw. aufgesuchte Tiefe abgelesen (Tiefe in Metern).

In der zweiten Kolonne wird die für Abstieg plus Aufenthalt bis zum Beginn des Aufstiegs benötigte Zeit gesucht (Zeit in Minuten).

In der dritten Kolonne steht die Wiederholungsgruppe (W.Gr.). Sie wird benötigt für mehrmaliges Tauchen am gleichen Tag.

Die zweite Spalte enthält eine weitere Kolonne: D. St. 3. Hier handelt es sich um die Deko-Stufe in 3 m Wassertiefe. Dort wird also abgelesen, wie viel Minuten Pause in 3 m Tiefe einzulegen sind.

Die dritte und vierte Spalte enthalten jeweils eine bzw. zwei weitere Kolonnen: die Deko-Stufen in 6 und 9 m Wassertiefe. Dort ist ablesbar, bei welchen Tauchtiefen und -zeiten der Taucher nur in 3 m, in 6 und 3 m oder sogar in 9, 6 und 3 m Pausen einlegen muß.

Bei allen grau unterlegten Feldern handelt es sich um Nullzeit-Tauchgänge. Es sind keine Auftauchpausen erforderlich. Bei den weißen Feldern dagegen müssen die angezeigten Pausen eingehalten werden.

Beispiel: Geplant ist ein Tauchgang auf 18 m Tiefe. Die benötigte Zeit
für den Abstieg beträgt 1 Min., der Aufenthalt am Grund 59 Min., so
daß eine Gesamttauchzeit von 60 Min. erreicht wird.

In der Tabelle lesen wir unter 18 m/60 Min. ab, daß wir uns gerade
noch in der Nullzeit befinden.

Wird eine Tiefe aufgesucht bzw. eine Zeit in einer bestimmten Tauchtiefe verbracht, die zwischen zwei in der Tabelle angegebenen Werten liegt, so muß die nächst höhere Tiefe und/oder Zeit angenommen werden.

Beispiel: Die Tauchtiefe beträgt 31 m, die Gesamttauchzeit 35 Min. In der Tabelle suchen wir die Tiefe 33 m und setzen die Zeit 40 Min. ein. So kommen wir auf die einzuhaltenden Pausen von zunächst 2 Min. in 6 m Tiefe und dann 21 (!) Min. in 3 m Tiefe. Die Gesamtaustauchzeit beträgt einschließlich der Aufstiegszeit von 2 Min. (18 m/Min.) 25 Min.

Wenn ein Taucher die maximale Aufstiegsgeschwindigkeit von 18 m/Min. überschreiten muß, sich aber noch in der Nullzeit befindet, dann sollte er vorbeugend drei Minuten in drei Metern Tiefe pausieren.

Wiederholungstauchen

Unter diesen Begriff fällt ein Tauchgang, wenn zwischen ihm und dem vorangegangenen weniger als zwölf Stunden Zeit liegen. Der zweite Tauchgang verlangt eine besondere Beachtung der durch die Wiederholung veränderten Null- bzw. Deko-Zeiten. Wurden beim ersten Tauchgang die vorgeschriebenen Null- bzw. Deko-Zeiten beachtet, dann ist ein Deko-Unfall so gut wie ausgeschlossen. Die Einhaltung bedeutet aber nicht, daß der im Gewebe zusätzlich gelöste Stickstoff abgebaut ist. Dies geschieht erst beim Aufenthalt unter Normaldruck und zieht sich bis zu zwölf Stunden hin.

Wird innerhalb dieser Zeit erneut getaucht, dann startet der Taucher sozusagen mit einer ‹Vorgabe› an Stickstoff. Das noch in Lösung befindliche addiert sich mit dem jetzt in Lösung gehenden Gas. Dadurch werden sich beim zweiten Tauchgang innerhalb der zwölf Stunden die möglichen Tauchzeiten bzw. -tiefen im Verhältnis zu den nun erforderlichen Null- bzw. Deko-Zeiten ungünstig verändern.

Einige Beispiele für Wiederholungstauchgang-Berechnungen nach Tabelle:

● *Beispiel A:* Der erste Tauchgang betrug 25 Min. auf 27 m Tiefe. Auf der Tabellen-Vorderseite kann man ablesen, daß der Taucher innerhalb der Nullzeit geblieben und daß die Stickstoff-Sättigung der Wiederholungsgruppe G zugeordnet ist.

Vier Stunden später findet ein zweiter Tauchgang statt. Der Taucher legt aber Wert darauf, auch da innerhalb der Nullzeit zu bleiben. Die vorgesehene Tauchtiefe beträgt 18 m.

Auf der Rückseite der Tabelle sucht man ganz links den Buchstaben G der Wiederholungsgruppe, geht in dieser Reihe so weit nach rechts, bis die vier Stunden Oberflächenpause zwischen den Zahlen 2,58/4,25 ermittelt werden. Die dazwischen befindliche Linie fährt man abwärts bis auf die Reihe 18 m (geplante Tauchtiefe beim zweiten Tauchgang).

Tiefe	Zeit	W.Gr.
3	60	A
	120	B
	210	C
4,5	70	B
	110	C
	160	D
6	50	B
	75	C
	100	D
	135	E
7,5	35	B
	55	C
	75	D
	100	E
	125	F
9	30	B
	45	C
	60	D
	75	E
	95	F
	120	G
10,5	15	B
	25	C
	40	D
	50	E
	60	F
	80	G
	100	H
	120	I
	140	J
12	15	B
	25	C
	30	D
	40	E
	50	F
	70	G
	80	H
	100	I
	110	J
	130	K
	170	M

Tiefe	Zeit	D.St. 3	W.Gr.
15	15		C
	25		D
	30		E
	40		F
	50		G
	60		H
	70		I
	80		J
	90		K
	100		L
	120	5	M
	140	10	M
18	15		C
	20		D
	25		E
	30		F
	40		G
	50		H
	55		I
	60		J
	70	2	K
	80	7	L
	100	14	M
21	10		C
	15		D
	20		E
	30		F
	35		G
	40		H
	45		I
	50		J
	60	8	K
	70	14	L
	80	18	M
24	10		C
	15		D
	15		E
	20		F
	25		G
	30		H
	35		I
	40		J
	50	10	K
	60	17	L
	70	23	M

Tiefe	Zeit	D. St. 6	3	W.Gr.
27	10			C
	12			D
	15			E
	20			F
	25			G
	30			H
	40		7	J
	50		18	L
	60		25	M
	70	7	30	N
30	10			D
	15			E
	20			F
	22			G
	25			H
	30		3	I
	40		15	K
	50	2	24	L
	60	9	28	N
33	10			D
	13			E
	15			F
	20			G
	25		3	H
	30		7	J
	40	2	21	L
	50	8	26	M
	60	18	36	N
36	10			D
	12			E
	15			F
	20		2	H
	25		6	I
	30		14	J
	40	5	25	L
	50	15	31	N
39	8			D
	10			E
	15		1	F
	20		4	H
	25		10	J
	30	3	18	M
	40	10	25	N

Tiefe	Zeit	Deko.Stufe 9	6	3	W.Gr.
42	5				C
	7				D
	10				E
	15			2	G
	20			6	I
	25		2	14	J
	30		5	21	K
	40	2	16	26	N
45	5				C
	10			1	E
	15			3	G
	20		2	7	H
	25		4	17	K
	30		8	24	L
	40	5	19	33	N
48	5				D
	10			1	F
	15		1	4	H
	20		3	11	J
	25		7	20	K
	30	2	11	25	M
	40	7	23	39	N
51	5				D
	10			2	F
	15		2	5	H
	20		4	15	J
	25	2	7	23	L
	30	4	13	26	M
54	5				D
	10			3	F
	15		3	6	I
	20	1	5	17	K
	25	3	10	24	L
	30	6	17	27	N
57	5				D
	10		1	3	G
	15		4	7	I
	20	2	6	20	K
	25	5	11	25	M

DUC BERLIN
© US Navy Tabelle

Austauchtabelle Duc Berlin. Sie wurde entwickelt nach der US-Navy-Tabelle. Quelle: Christian Wehner, Tempelhofer Damm 34, 1000 Berlin. Dort kann diese Tabelle bezogen werden.

Wiederholungsgruppe A-tabelle — **Oberflächenpause** (Std,Min)

N	0,10	0,24	0,39	0,54	1,11	1,30	1,53	2,18	2,47	3,22	4,04	5,03	6,32	9,43	12,0
M		0,10	0,25	0,42	0,59	1,18	1,39	2,05	2,34	3,08	3,52	4,49	6,18	9,28	12,0
L			0,10	0,26	0,45	1,04	1,25	1,49	2,19	2,53	3,36	4,35	6,02	9,12	12,0
K				0,10	0,28	0,49	1,11	1,35	2,03	2,38	3,21	4,19	5,48	8,58	12,0
J					0,10	0,31	0,54	1,19	1,47	2,20	3,04	4,02	5,40	8,40	12,0
I						0,10	0,33	0,59	1,29	2,02	2,44	3,43	5,12	8,21	12,0
H							0,10	0,36	1,06	1,41	2,23	3,20	4,49	7,59	12,0
G								0,10	0,40	1,15	1,59	2,58	4,25	7,35	12,0
F									0,10	0,45	1,29	2,28	3,57	7,05	12,0
E										0,10	0,54	1,57	3,22	6,32	12,0
D											0,10	1,09	2,38	5,48	12,0
C												0,10	1,39	2,49	12,0
B													0,10	2,10	12,0
A														0,10	12,0

geplante Tauchtiefe beim zweiten Abstieg — **fiktiver Zeitzuschlag f. zweiten Abstieg**

12	213	187	161	138	116	101	87	73	61	49	37	25	17	7
15	142	124	111	99	87	76	66	56	47	38	29	21	13	6
18	107	97	88	79	70	61	52	44	36	30	24	17	11	5
21	87	80	72	64	57	50	43	37	31	26	20	15	9	4
24	73	68	61	54	48	43	38	32	28	23	18	13	8	4
27	64	58	53	47	43	38	33	29	24	20	16	11	7	3
30	57	52	48	43	38	34	30	26	22	18	14	10	7	3
33	51	47	42	38	34	31	27	24	20	16	13	10	6	3
36	46	43	39	35	32	28	25	21	18	15	12	9	6	3
39	40	38	35	31	28	25	22	19	16	13	11	8	6	3
42	38	35	32	29	26	23	20	18	15	12	10	7	5	2
45	35	32	30	27	24	22	19	17	14	12	9	7	5	2
48	33	31	28	26	23	20	18	16	13	11	9	6	4	2
51	31	29	26	24	22	19	17	15	13	10	8	6	4	2
54	29	27	25	22	20	18	16	14	12	10	8	6	4	2
57	28	26	24	21	19	17	15	13	11	10	8	6	4	2

Hier steht die Ziffer 17. Das bedeutet 17 Min. fiktiven Zeitzuschlag für
den 2. Abstieg.
Jetzt geht man wieder auf die Vorderseite der Deko-Tabelle und liest
bei 18 m eine maximale Nullzeit von 60 Min. ab. Hiervon zieht man den
fiktiven Zeitzuschlag von 17 Min. ab und erhält folgendes Ergebnis:
Wenn innerhalb der Nullzeit getaucht werden soll, darf beim 2. Abstieg
ein Aufenthalt von max. 43 Min. in 18 m Tiefe nicht überschritten
werden.

● *Beispiel B:* Der 1. Tauchgang verlief über 12 Min. in 36 m Tiefe. Die
Oberflächenpause betrug drei Stunden. Die geplante Tauchtiefe beim
2. Abstieg ist 24 m, die vorgesehene Tauchzeit 40 Min. Auf der Tabel-
len-Vorderseite kann als Wiederholungsgruppe der Buchstabe E abge-
lesen werden.
Die Rückseite zeigt von der Reihe E ausgehend, die Linie zwischen
1,57/3,22 Stunden abwärts fahrend, bei 24 m geplanter Tiefe einen
Zeitzuschlag von 13 Min. an.
Auf der Vorderseite liest man für den geplanten 2. Tauchgang nun ab:
24 m Tauchtiefe, Tauchzeit 40 Min. plus 13 Min. ergeben 53 Min.
Daher muß laut Tabelle beim 2. Tauchen während des Aufstiegs eine
Pause von 17 Min. in 3 m Tiefe eingelegt werden.

Ist von vornherein klar, daß zweimal am Tag getaucht wird, dann sollte
folgende Regel beachtet werden:
    1. Tauchgang = größere Tiefe,
    2. Tauchgang = geringere Tiefe.
Wird umgekehrt verfahren, steigt das Risiko. Bereits mit Stickstoff
vorbelastet, kann der 2. Tauchgang aufgrund der mit der Tiefe stark
zunehmenden Stickstoffaufnahme eher zu einem Unfall führen.

Dekompressiometer
Austauchtabellen sind problematisch. Selbst einfach aufgebaute Tabellen bergen die Gefahr von Ablesefehlern in sich. Dies gilt vor allem bei
Wiederholungstauchgängen.
Eine Tabelle läßt auch keine nennenswerte Abweichung vom Tauch-
schema zu. Der Vorgang, wie er sich in der Tabelle liest – also abtauchen, die Tauchzeit in einer ganz bestimmten Tiefe verbringen, wieder
auftauchen –, findet in der Praxis selten statt.
Typisch für das Sporttauchen ist folgendes Beispiel: Eine Gruppe geht
auf 25 m Tiefe, stößt kurzzeitig auf 40 m vor, steigt langsam bis auf 20 m
auf und geht noch einmal auf 30 m, weil dort etwas Interessantes
entdeckt wurde.
Ein Sporttaucher wäre überfordert, wenn er sich während des Tau-

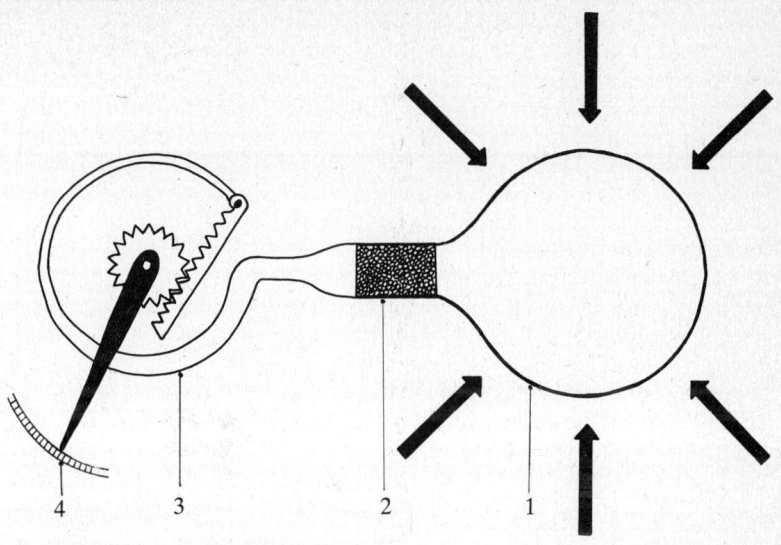

Wirkungsweise des Dekometers
1 = gasgefüllter Ballon wird komprimiert
2 = das Sinterfilter verzögert den Durchfluß
3 = die Manometerspirale krümmt sich
4 = Anzeige-Skala

chens die verschiedenen Tiefen nebst den dort verbrachten Zeiten merken und danach die eventuell erforderliche Austauchzeit aus der mitzuführenden Tabelle ersehen sollte. Um bei solchen Tauchgängen sicherzugehen, bleibt dem Taucher nur die Möglichkeit, die gesamte Tauchzeit auf die maximal erreichte Tiefe anzurechnen.

Es lag also nahe, ein Gerät zu entwickeln, das mit in die Tiefe genommen wird und den Zustand der jeweiligen wahrscheinlichen Stickstoffsättigung angibt. Der Taucher wäre so von der Bindung an die Tabelle befreit. Dies Instrument ist das Dekometer. Es wird etwa seit 1960 unter diesem Namen im europäischen Raum vertrieben. Seine Vorund Nachteile sollen im folgenden untersucht werden.

Größe, Gewicht und Preis des Instruments sind gering. Automatisch zeigt es dem Taucher an, ob er sich in der Nullzeit bewegt oder Pausen einhalten muß, in welcher Tiefe er die Pause beginnen muß und wie lange er dort zu bleiben hat. Ferner soll das Gerät bei einem Wiederholungs-Tauchgang den noch im Gewebe überschüssigen Stickstoff simulieren, beim 2. Tauchen also früher das rote Warnfeld erreichen.

Die komplizierten Vorgänge und Einflußfaktoren der Stickstofflösung im Körper lassen sich mit einem Gerät, das so einfach aufgebaut ist wie das Dekometer, allerdings nicht exakt simulieren. Die Stickstofflösung geht in den verschiedenen Tiefen so unterschiedlich schnell vor sich, daß es in bestimmten Bereichen zu abweichenden Aussagen des Geräts im Vergleich zur Tabelle kommt. Dies gilt vor allem bei langen Tauchzeiten in geringen Tiefen und kurzen Aufenthalten in großen Tiefen.
Das Dekometer ist ein empfindliches Gerät, dessen Funktion von Zeit zu Zeit geprüft werden muß.
Bei Druckkammertests wurden durch die Überprüfung einiger Instrumente, die seit längerer Zeit in Gebrauch sind, unterschiedliche Skalenwerte von Gerät zu Gerät trotz absolut gleicher Bedingungen festgestellt.
Insgesamt stellt das Dekometer ein zusätzliches Instrument zur Absicherung dar. Seine Anzeige sollte mittels Uhr, Tiefenmesser und Tabelle kontrolliert werden.

Tauchgangsberechnungen

Wer mit Gerät taucht, muß auch die Luftmenge in seinem Preßlufttauchgerät sowie den Luftverbrauch für einen Tauchgang berechnen können. Die Formel für die Errechnung des Luftinhalts lautet:
    Rauminhalt der Flasche in Litern mal Fülldruck in bar ergibt die
    Luftmenge in NL (NL = Norm-Liter: 1 l Luft bei 1 bar).
    Ein 10-l-Gerät, auf 200 bar gefüllt, enthält also 2000 NL.
Der Gasdruck im Preßlufttauchgerät kann sich trotz geschlossenem Ventil verändern; Temperaturänderungen sind die Ursache.
Merke: Kompression von Gasen = Erwärmung = Ausdehnung der
        Gase; Expansion von Gasen = Abkühlung = Zusammenzie-
        hung der Gase
So erwärmt sich beim Füllen eines PTG die Luft durch die Kompression; sie hat das Bestreben, sich auszudehnen. Bei der anschließenden Abkühlung der Flasche ziehen sich die Gasmoleküle wieder zusammen.
Da sich aber in der starrwandigen Preßluftflasche das Volumen nicht ändern kann, steigt oder sinkt daher der Druck bei einer Temperaturänderung. Diese Vorgänge haben Auswirkungen in der Praxis. Ein PTG wird in der Regel trotz des höchstzulässigen Fülldrucks von 200 bar auf 220 bar gedrückt, um nach der Abkühlung in etwa 200 bar zu erhalten.
Setzt man ein gefülltes PTG stundenlang intensiver Sonnenbestrahlung aus, dann erhöht sich der Druck deutlich.

Die Formel für die Berechnung der Druckveränderung nach dem *Gesetz von Gay-Lussac* besagt:
Bei konstantem Volumen nimmt der Druck der eingeschlossenen Gasmenge je Grad Erwärmung um $1/273$ des Drucks bei 0 Grad Celsius zu.

Beispiel: Eine Preßluftflasche auf 200 bar gefüllt, in einem Raum mit 20 Grad Celsius gelagert, erwärmt sich durch Liegen in der Sonne auf 60 Grad Celsius.

Die Berechnungsformel für das Errechnen der Drucksteigerung (T = Temperatur, p = Druck) lautet:

$$p_2 = p_1 \text{ mal } \frac{273+T_2}{273+T_1}$$

p_2 ist also: 200 bar mal $\dfrac{333\,(273+60)}{293\,(273+20)} = 227$ bar

Dieser Anstieg um 27 bar ist nicht besorgniserregend. Der Prüfdruck einer vom Technischen Überwachungs-Verein (TÜV) zugelassenen Preßluftflasche beträgt 300 bar; der Berstdruck dürfte bei circa 600 bar liegen.

Beeinflussende Faktoren für den Luftverbrauch beim Tauchen:
a) Tiefe: Der Luftverbrauch an der Oberfläche mal Druck in bar für die jeweilige Tiefe ergibt den Steigerungsfaktor.
b) Arbeitsleistung: Ob ein Taucher eine beobachtende Tätigkeit in ruhender Position oder eine körperlich anstrengende Arbeit durchführt, kann einen bis zu fünffachen Mehrverbrauch ausmachen.
c) Wassertemperatur: Ein ausgekühlter Taucher hat aufgrund seines gesteigerten O_2-Bedarfs ein höheres Atemminuten-Volumen.
d) psychischer Zustand: Beklemmung und Unsicherheit oder aber Routine und Sicherheit wirken sich ebenfalls auf den Luftverbrauch aus.

Als Berechnungsgrundlage ist ein Atemminuten-Volumen von 25 NL für einen routinierten Taucher bei leichter körperlicher Betätigung zugrunde gelegt worden. Im Interesse der Sicherheit sollte ein Taucher jedoch nicht bis zum letzten Liter Luftvorrat in der Tiefe bleiben. Zu berücksichtigen sind die Reserve- und Restluft.

Jedes gute Preßlufttauchgerät hat eine Reserveschaltung. Diese hält circa 40 bar bzw. 20 Prozent des zulässigen Fülldrucks einer Flasche als *Reserveluft* zurück. Befindet sich ein Taucher tiefer als 10 m, dann beginnt er spätestens bei Anbruch des Reservevorrats mit dem Aufstieg. Diese Reserve kann für das Zurücktauchen zum Ausgangspunkt, für Deko-Pausen oder auch für ein abschließendes Tauchen in geringer Tiefe verwendet werden.

Aber auch die Reserveluft soll nicht vollständig verbraucht werden. Eine *Restluft* von etwa 10 bar muß im Gerät verbleiben. Damit wird vermieden, daß Salzwasser in die Flasche dringt und dort Korrosionsschäden anrichtet.

In den Zeitangaben für den Aufenthalt in der Tiefe ist immer die für den *Abstieg* benötigte Zeit enthalten.

Im folgenden werden einige Beispiele für Luftverbrauchs- bzw. Tauchgangsberechnungen in Verbindung mit der Feststellung von eventuellen Deko-Pausen vorgestellt. Es sollte aber aufgrund der genannten Einflußfaktoren klar sein, daß theoretische Berechnungen dieser Art in der Praxis erheblichen Abweichungen unterworfen sein können.

1. Beispiel
Fakten:
10-l-PTG gefüllt auf 200 bar
Atemminuten-Volumen des Tauchers 25 NL
Aufgabe:
Errechne die Dauer eines Tauchgangs auf 20 m Tiefe.

Im Schema dargestellt:

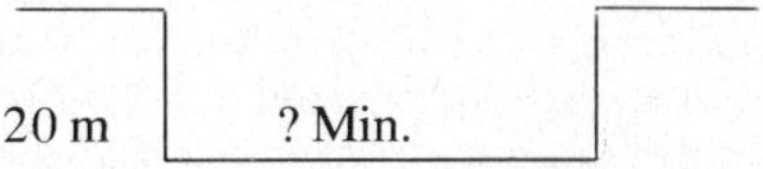

20 m   ? Min.

Berechnung:
Luftvorrat des PTG = 10 l mal 200 bar   = 2000 NL
2000 NL abzüglich 20 Prozent Reserve   = 1600 NL
Luftverbrauch des Tauchers in 20 m:
25 l mal 3 bar   = 75 NL/Min.
1600 : 75 = 21 Min. Tauchen auf 20 m Tiefe

Der Blick in die Deko-Tabelle zeigt, daß man noch weit entfernt von der Nullzeitgrenze ist. Die Reserveluft könnte also bis auf die Restluft in geringer Tiefe verbraucht werden.

2. Beispiel
Fakten:
12-l-PTG gefüllt auf 220 bar
Atemminuten-Volumen des Tauchers 25 NL
Fragen:
a) Wie lange kann maximal auf 40 m Tiefe getaucht werden?
b) Sind Deko-Zeiten einzuhalten, und reicht der Luftvorrat dafür noch?

Schema:

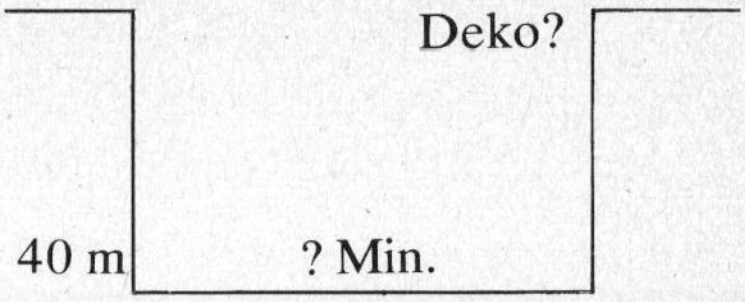

40 m   Deko?   ? Min.

Berechnung:
Luftvorrat des PTG = 12 l mal 220 bar   = 2640 NL
2640 NL abzüglich 20 Prozent Reserve (von 200 bar) = 2160 NL
Luftverbrauch in 40 m:
25 l mal 5 bar   =   125 NL/Min.
2160 : 125 = 17 Min. Tauchzeit in 40 m Tiefe.

Die Deko-Tabelle weist bei 42 m Tiefe und 20 Min. Tauchzeit eine
Deko-Pause von 6 Min. in 3 m Tiefe aus.
Dafür wird an Luft benötigt:
    3 m Tiefe = 1,3 bar mal 25 NL mal 6 Min.   =   195 NL
Dazu für den 2 Min. dauernden Aufstieg von 40 bis 3 m:
    Mittlere Tiefe beim Aufstieg
    = 20 m = 3 bar mal 25 NL mal 2 Min.   =   150 NL
Für den Aufstieg einschließlich Pausen werden also
insgesamt benötigt: =   345 NL
    Gesamtluftverbrauch: 2160 + 345   =   2505 NL
    Luftvorrat des PTG 2640 NL abzüglich 2505 NL   =   135 NL Restluft

3. Beispiel
Fakten:
Das geplante Tauchvorhaben besteht aus folgenden Schritten:
Einem ersten Tauchgang von 10 Min. auf 40 m Tiefe, danach Einlegen
einer Oberflächenpause von 3,5 Stunden. Es folgt ein zweiter Tauch-
gang über 25 Min. auf 30 m Tiefe.

Schema:

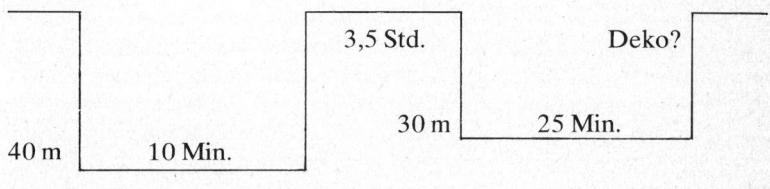

Fragen:
a) Sind Deko-Pausen einzuhalten?
b) Wieviel NL Luft werden bei einem angenommenen Atemminuten-

Volumen von 25 NL für beide Tauchgänge insgesamt benötigt?

c) Welche Größe müßte das PTG haben, wenn es für beide Tauchgänge benutzt wird und zwischendurch nicht wieder nachgefüllt werden soll?

Berechnungen:

a) Die Deko-Tabelle zeigt für 10 Min. auf 40 (42) m an: Auftauchen ohne Pause ist möglich, für einen zweiten Tauchgang Wiederholungsgruppe E. Die Rückseite der Tabelle weist bei einer Oberflächenpause von 3,5 Stunden und einer anschließenden Tauchtiefe von 30 m einen fiktiven Zeitzuschlag von 7 Min. aus.

Für den zweiten Tauchgang ergibt sich daher: 25 plus 7 Min. auf 30 m. Laut Tabelle bedeuten 32 Min. Aufenthalt auf 30 m 15 Min. Pause in 3 m.

b) 1. Tauchgang 25 NL mal 5 bar 10 Min.   = 1250 NL
   Für Aufstieg 2 Min. bei mittlerer
   Tiefe von 20 m:
   25 NL mal 3 bar mal 2 Min.   =   150 NL
                                                      1400 NL

   2. Tauchgang 25 NL mal 4 bar mal 25 Min.   = 2500 NL
   Für Aufstieg 2 Min. bei mittlerer
   Tiefe von 15 m:
   25 NL mal 2,5 bar m. 1 2 Min.   =   125 NL
   Deko 15 Min. in 3 m
   25 NL mal 1,3 bar mal 15 Min.   =   487 NL
                                                      3112 NL

   Gesamtluftverbrauch 1400 NL + 3112   = 4512 NL

c) Das größte für Sporttauchen benutzte Gerät, 2 mal 10 l, hat einen Luftvorrat von 4000 NL. Daraus ergibt sich, daß das Gerät nach dem ersten Tauchgang nachgefüllt werden muß.

Tauchen in Bergseen

Unsere bisherigen Überlegungen bezüglich der Dekompression gingen davon aus, daß das Tauchgewässer in Meeresspiegelhöhe liegt. Wird in höher gelegenen Seen getaucht, dann ändert sich die Relation zwischen dem Normaldruck (= Luftdruck) und dem Wasserdruck. Die Erklärung liegt darin, daß für die Druckverdoppelung bzw. -halbierung im Bergsee eine geringere Wassertiefe ausreicht.

Als Beispiel dient die Gegenüberstellung der Druckveränderung beim Tauchen im Meer und in einem 2000 m hoch liegenden See, wo an der Wasseroberfläche nur noch 0,8 bar Luftdruck vorhanden sind.

1 bar Luftdruck in Meeresspiegelhöhe	0,8 bar Luftdruck in Bergsee circa 2000 m hoch
Verdoppelung des Drucks in 10 m	Verdoppelung des Drucks in 8 m
Verdreifachung des Drucks in 20 m	Verdreifachung des Drucks in 16 m
	Vervierfachung des Drucks in 24 m
Vervierfachung des Drucks in 30 m	Verfünffachung des Drucks in 32 m
Verfünffachung des Drucks in 40 m	Versechsfachung des Drucks in 40 m

Tauche ich im Meer auf eine Tiefe von
40 m, dann bin ich dem fünffachen des
vorgegebenen Luftdrucks ausgesetzt.

Tauche ich in diesem Bergsee auf 40 m
Tiefe, dann bin ich dem sechsfachen
des vorgegebenen Luftdrucks ausgesetzt.

Beim Tauchen in Bergseen nimmt unser Körper durch den höheren
Druckunterschied zwischen Luft und Wasser relativ mehr Stickstoff
auf. Beim Auftauchen ist das Druckgefälle größer; die Gefahr eines
Caisson-Unfalls nimmt zu.
Um diese Gefahr auszuschließen, müssen die Wassertiefen im Bergsee
für die Handhabung einer Deko-Tabelle umgerechnet werden. Die
Umrechnungsformel lautet:

$$\frac{\text{Luftdruck Meereshöhe}}{\text{Luftdruck Bergseehöhe}} = \text{Korrekturfaktor für aufzusuchende Tiefe.}$$

Bei dem Beispiel mit dem Bergsee in 2000 m Höhe ergibt das:

$$\frac{\text{Druck Meereshöhe 1 bar bzw. 750 Torr}}{\text{Druck Bergseehöhe 0,8 bar bzw. 600 Torr}} = \text{Faktor 1,25.}$$

Bei einer aufzusuchenden Tiefe von 40 m bedeutet das:
    40 mal 1,25 = 50 m fiktive Tiefe.
In der Deko-Tabelle müssen nun die Null- oder Deko-Zeiten für einen
Abstieg auf 50 m abgelesen werden.
Für die Deko-Stufen muß ebenso eine Umrechnung erfolgen. Die
Umrechnungsformel dafür lautet:

$$\frac{\text{Austauchstufe normal}}{\text{Korrekturfaktor}} = \text{Austauchstufe ‹Bergsee›}$$

Bezogen auf den 2000 m hoch gelegenen Bergsee und auf die Annah-
me, daß nach der Tabelle in 6 und 3 m Tiefe Pausen eingelegt werden
müssen:

$$\frac{6 \text{ m}}{1,25} = 4,8 \text{ m im See} \qquad\qquad \frac{3 \text{ m}}{1,25 \text{ m}} = 2,4 \text{ m im See}$$

Vorsicht ist bei der Verwendung von *Tiefenmessern* geboten. Das
Instrument nach dem Boyle-Mariotteschen-Prinzip wird die fiktive
Tiefe anzeigen. Tiefenmesser auf Membran-Prinzip würden nicht exakt
anzeigen, es sei denn, sie sind justierbar.
Das sicherste ist, an einer Leine ab- und aufzusteigen, an der alle
wichtigen Tiefen exakt markiert sind.

Fliegen und Tauchen

Im Zusammenhang mit dem Bergseetauchen wurde der Einfluß des
Luftdrucks auf die Vorgänge während des Tauchens deutlich gemacht.
Besteht nun die Absicht, ein Flugzeug zu benutzen, dann sind Überle-
gungen angebracht, wenn vor dem Start noch getaucht wurde.
Taucher fliegen heute in Düsenflugzeugen zum Ferienziel und zurück.
Da in großen Höhen der normale atmosphärische Luftdruck zum At-
men zu gering ist, hat das Flugzeug eine Druckkabine für Besatzung
und Passagiere. Hier wird ein Luftdruck erzeugt, der etwa nur 70
Prozent des Drucks in Meeresspiegelhöhe beträgt (circa 0,7 bar).
Wurde zum Beispiel am Morgen des Abflugtags noch ein Tauchgang
unternommen, der an die Grenze der Nullzeit ging oder Deko-Zeiten
erforderlich machte, dann darf der Flug frühestens sechs Stunden (sicherer wären zwölf Stunden) später erfolgen.
Wird diese Regel nicht eingehalten, kann es trotz Beachtung der Deko-
Tabelle zu einem Caisson-Unfall kommen. Denn das Blut bzw. das
Gewebe des Körpers hält nach dem Tauchen noch einen Stickstoffüberschuß in Lösung, der nur langsam abgebaut wird. Begibt man sich
unmittelbar nach dem Tauchen in eine Zone deutlich geringeren
Drucks, und das wäre die Druckkabine in einem Flugzeug, dann wird
das Druckgefälle höher. Es kann eine Gasblasenbildung in den Blutbahnen des Körpers eintreten.

Behandlung eines Deko-Unfalls

Erkennen kann man einen Deko-Unfall an folgenden Symptomen:
● Eine leichte Form liegt vor, wenn Gelenkschmerzen, Hautjucken
   und ein Taubheitsgefühl bestimmter Körperpartien auftreten.
● Eine schwere Form besteht, wenn Seh- und Gleichgewichtsstörun-
   gen, Übelkeit, Ohrgeräusche, starke Kopfschmerzen, ungewöhn-
   liche Müdigkeit, Muskelschwäche, Lähmungen, Schmerzen in der
   Brust, extreme Kurzatmigkeit oder Bewußtlosigkeit eintreten.
Da die Ursache der Erkrankung die in den Blutbahnen und/oder im

Körpergewebe entstandenen Gasbläschen sind, muß es das Ziel der ärztlichen Behandlung sein, diese zu verkleinern und aufzulösen. Dazu bedarf es der Rekompression, der Wieder-Unter-Druck-Setzung des Verunglückten. Dies geschieht in einer *Druckkammer*. Eine Deko-Kammer hat eine Wandung aus Stahl und wird mit Druckluft gefüllt. In der Kammer können sich je nach Größe ein bis zehn Personen aufhalten.

Da in manchen Fällen keine Druckkammer in unmittelbarer Umgebung zur Verfügung steht, müssen zunächst Erste-Hilfe-Maßnahmen eingeleitet werden. Dazu gehören solche wie Atmen reinen Sauerstoffs. Durch den fehlenden Stickstoff in diesem Atemgas wird der im Körper noch befindliche Stickstoff schneller abgeführt, so daß zumindest der Bildung weiterer Bläschen vorgebeugt wird.

Zur Schockvorbeugung empfiehlt sich die Infusion von Plasmaexpander (Verhinderung von Fettembolien, Gerinnungsstörungen). Die Infusion muß von einem Arzt oder entsprechend ausgebildeten Personen vorgenommen werden.

Vor und während des Transports wird der Kopf des Verunglückten tief gelagert. So soll dem Aufsteigen der Gasblasen ins Gehirn vorgebeugt werden. Erschütterungen des Kranken sind zu vermeiden, da sie die Blasenbildung begünstigen. Ein Abtransport mit dem Hubschrauber oder Flugzeug wird sich ungünstig auswirken, denn der sinkende Luftdruck in der Kabine fördert die Bläschenbildung.

Zumindest theoretisch denkbar ist die Behandlung des Tauchers im Wasser. Dieser müßte in die vorher maximal erreichte Wassertiefe zurückgebracht werden. Nach einer speziellen Tabelle muß er dann eine stundenlange Austauchprozedur über sich ergehen lassen.

Aus mehreren Gründen ist diese Methode zu gefährlich bzw. unmöglich:

● Ein Sporttaucher atmet aus einem Mundstück. Bei einem Schwächezustand oder einer Ohnmacht (bei stundenlanger Behandlung unter Wasser durchaus denkbar) kann er es verlieren und ertrinken.

● Nur selten sind die technischen Voraussetzungen gegeben: ein großes Boot, genügend Luftvorräte und eine ausreichende Zahl von Begleittauchern, die sich bei der Behandlung des verunfallten Tauchers ablösen.

● Die Wahrscheinlichkeit, daß eine starke Unterkühlung eintritt, ist groß. Diese ist so kräftezehrend, daß die dadurch eintretende totale Erschöpfung des Tauchers keinen weiteren Aufenthalt im Wasser zuläßt.

● Verunfallter wie Begleittaucher befinden sich in einer Stress-Situation. Diese begünstigt Fehler der Beteiligten und verschlechtert das physische und psychische Durchhaltevermögen des Erkrankten.

Nach Ansicht vieler Tauchmediziner ist es daher besser, notfalls zwei Stunden länger auf den Abtransport in die Deko-Kammer zu warten, als das Risiko einer ‹nassen› Rekompression einzugehen. – Die Deko-Kammer ist das geeignete Instrument für eine gesteuerte Behandlung durch Fachleute.

Für die Sofortbehandlung und den Transport zur großen Kammer hat sich die transportable Einmann-Druckkammer bewährt. Diese verfügt über eine eigene Preßluftversorgung, kann auch durch Sporttaucher bedient werden und ist (zum Beispiel durch Helikopter) kurzfristig über große Strecken transportierbar. Der Nachteil der Einmann-Kammern besteht darin, daß nur der Verunfallte hineinpaßt. Eine Behandlung durch eine zweite Person ist nicht möglich. Es ist keine Hilfe möglich bei Ohnmacht oder Erbrechen des Erkrankten. Die transportable Kammer wird nach erfolgter Überführung an die große Deko-Kammer angeschlossen.

Ohne Druckabfall wird der Taucher aus der kleinen in die große Kammer umgeschleust. In ihr hält sich bereits ein Arzt auf, und die individuelle Versorgung des Patienten beginnt. Die Behandlung geschieht nach einer speziellen Tabelle, wobei absolvierte Tauchzeit und -tiefe des Verunglückten bekannt sein müssen.

Der Druck in der Kammer wird durch Einschießen von Druckluft bis maximal 6 bar erhöht. Ganz allmählich (zwischen vier Stunden und mehreren Tagen) wird der Druck reduziert. Unterstützt wird die Behandlung durch Atmung von Sauerstoff unter geringem Druck.

Schleusen in der Kammer ermöglichen den Nachschub an Medikamenten und das Auswechseln der Ärzte, ohne daß der Druck gesenkt werden muß.

Auch die Behandlung eines Lungen-Überdruckunfalls geschieht in der Deko-Kammer. Dieser gefährliche Unfall hat zwar eine andere Ursache, aber ähnliche Folgen wie ein Deko-Unfall. Durch die Überdehnung der Lunge gelangen sehr oft Luftbläschen in die Blutbahnen. Daher ist bei Verdacht auf diesen Unfall sofort der Transport zur nächsten Druckkammer zu veranlassen.

Ausrüstung

Außer dem Preßlufttauchgerät sind folgende Ausrüstungsgegenstände zum Gerätetauchen unbedingt erforderlich: Kälteschutzanzug und Bleigürtel sowie Tiefenmesser, Uhr und das Messer als Werkzeug. Sehr empfehlenswert sind Tarierweste und Handkompaß; viel verwendet wird das Dekometer.

Preßlufttauchgerät

Das Preßlufttauchgerät soll ein unbeschwertes Tauchen in allen zulässigen Tiefen ermöglichen. Dazu ist vor allem die einwandfreie Funktion des Lungenautomaten, aber auch der gute Sitz des Geräts notwendig. Die *Flaschen* sind Vorratsbehälter für normale, aber hochkomprimierte atmosphärische Luft; sie sind aus hochwertigem Stahl gezogen. In den letzten Jahren werden sie auch zunehmend aus seewasserbeständigem Aluminium gefertigt.

In Deutschland sind die gängigen Flaschengrößen: 7 l, 10 l und 12 l. Werden Doppelflaschengeräte verwendet, sind es meist 2 mal 7- oder 2 mal 10-l-Geräte. Nach der Deutschen Druckgasordnung bestehen für den Gebrauch von Preßluftflaschen folgende Vorschriften:

Beim 200-bar-System beträgt der Fülldruck maximal 200 bar, der Prüfdruck 300 bar. Die Farbe der Flaschen ist grau. Eine Überprüfung durch den TÜV findet alle zwei Jahre statt. Beim 300-bar-System für *Stahlflaschen* gelten folgende Werte: Fülldruck maximal 300 bar, Prüfdruck 450 bar. – Für das 200-bar-System bei Verwendung von *Aluminiumflaschen* ist eine TÜV-Frist von sechs Jahren festgelegt.

Stahlflaschen sind kleiner und über Wasser leichter als Flaschen aus Aluminium mit gleichem Inhalt. Die Stahlflaschen sind aber, vor allem innen, der Gefahr von Beschädigungen durch Rostfraß ausgesetzt; daher kommt die kurze TÜV-Frist. Aluflaschen sind bei Verwendung von seewasserbeständiger Legierung der Korrosion nicht ausgesetzt. Der TÜV ist deshalb nur alle sechs Jahre fällig.

Aufgrund der erforderlichen Materialdicke sind Aluflaschen voluminöser und über Wasser schwerer als jene aus Stahl. Unter Wasser sind sie dagegen leichter. Das kann aber nicht als Vorteil zählen, weil in diesem Fall der Bleigürtel des Tauchers entsprechend stärker bestückt werden muß.

Die Ansammlung von Wasser innerhalb der Flasche muß unbedingt vermieden werden. Wasser kann durch Füllen der Flaschen mit ungeeigneten oder nachlässig gewarteten Kompressoren in die Flaschen gelangen. Das Eindringen von Seewasser ist möglich, wenn das Gerät bis auf den letzten Rest leergeatmet wurde. Werden Preßluftflaschen längere Zeit nicht benutzt, dann sollten sie nicht liegend gelagert werden. Das Wasser würde so Rosttäler in der relativ dünnen Wandung hervorrufen. Besser ist die stehende Lagerung, da der Flaschenboden wesentlich stärker ausgebildet ist.

Für Taucher, die durch die Anschaffung eines eigenen Kompressors die TÜV-Frist umgehen wollen, empfiehlt sich die zwei- bis dreijährige Kontrolle durch einen Fachmann (Herausdrehen des Ventils, optische Begutachtung durch Ausleuchten des Flascheninneren, Wiedereinsetzung des Ventils).

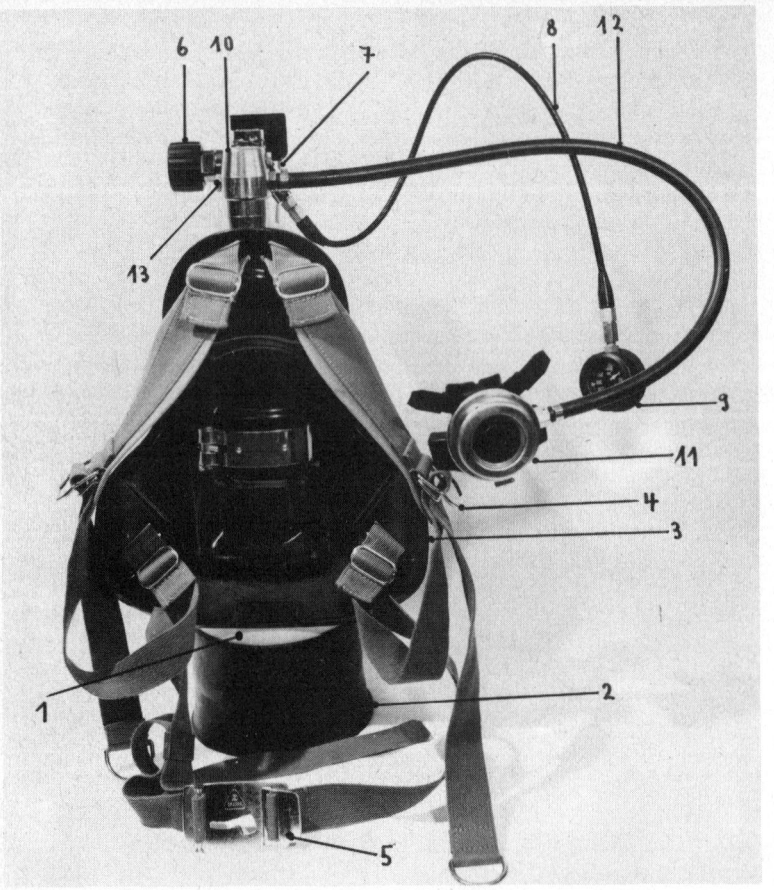

Preßlufttauchgerät
1 = Preßluftflasche aus Stahl oder
    Aluminium
2 = Standfuß aus Gummi oder Plastik
3 = Trageschale (Kunststoff)
4 = Schultergurte mit Schnellverstel-
    lung
5 = Bauchgurt mit Schnellverschluß
6 = Handrad des Flaschenventils
7 = Zugstange der Reserveschaltung
8 = Hochdruckschlauch
9 = Finimeter (Luftvorratsanzeige)

10 = Hochdruckstufe (1. Stufe) des
     Lungenautomaten
11 = 2. Stufe des Lungenautomaten
     mit Mundstück, Blasenabweiser für
     Ausatemluft und Luftdusche
12 = Mitteldruckschlauch als Leitung
     für die druckgeminderte Luft von
     der 1. zur 2. Stufe.
13 = Anschlußmöglichkeit für einen
     weiteren Lungenautomaten

Die gründliche Lackierung sorgt für ein ansprechendes Äußeres und verhindert gleichzeitig Rostansatz. Optische und Sicherheitsgesichtspunkte können dabei gut kombiniert werden. Der Hals der Flasche wird grau lackiert, um der Vorschrift zu genügen. Der übrige Teil erhält eine Signalfarbe in Gelb, Orange oder Rot.

Der *Flaschenstandfuß* verleiht den Flaschen eine brauchbare Standfestigkeit und schützt gleichzeitig den Flaschenboden vor Lackschäden. Er besteht aus Hartgummi oder Kunststoff.

Das *Flaschenventil* mit Reserveschaltung dient dazu, den Hochdruck der Preßluft zurückzuhalten und dennoch bei einer Öffnung des Ventils (mit geringem Kraftaufwand) den Druck weich einsetzend freizugeben. Bei der überwiegenden Zahl von Tauchflaschen wird ein Ventil mit eingebauter *Reserveschaltung* verwendet. Deren Funktion besteht darin, daß bei etwa 40 bar (= 20 Prozent von 200 bar) eine im Ventil eingebaute Feder den nachlassenden Luftdruck zu überwinden beginnt. Sie schließt die Luftzufuhr allmählich. So wird der Taucher auf das Zur-Neige-Gehen des Luftvorrats aufmerksam. Durch eine Zugbetätigung wird die Feder außer Funktion gesetzt; die Reserveluft steht zur Verfügung.

Das Ventil besteht fast ausschließlich aus Messing verchromt. Einmal im Jahr sollte man es auseinandernehmen, reinigen, mit Silikon oder anderen geeigneten Stoffen leicht einfetten, damit Leichtgängigkeit und Funktion gewährleistet sind.

Der *Finimeter* soll dem Taucher die laufende Kontrolle des Flaschen-
drucks während des Tauchens ermöglichen. Es handelt sich um einen
Manometer am flexiblen Hochdruckschlauch, der an das Ventil der
Flasche oder an die Hochdruckstufe des Lungenautomaten angeschlos-
sen wird. Die Luftzufuhr in die flexible Leitung erfolgt durch eine
Drosseldüse. So wird der Manometer geschont. Gleichzeitig wird si-
chergestellt, daß bei einem Bruch der Leitung keine großen Mengen an
Luft verlorengehen.

Auf einer kreisförmigen Skala des Manometers wird der zur Verfügung
stehende Druck in bar oder atü abgelesen.

Der Finimeter ist vor starken Erschütterungen zu schützen. Das eigentliche Manometer ist daher vom Hersteller meist mit einer dicken Gum-
mimantelung versehen. In der Anschlußschraube sind bei einigen Fabrikaten Siebe eingbaut. Diese müssen von Zeit zu Zeit auf Sauberkeit
geprüft werden.

Tragegestell bzw. *Tragschale* soll das unkomplizierte An- und Ablegen
des PTG sowie den sicheren, beschwerdefreien Sitz des Geräts am
Körper ermöglichen. Bei Doppelflaschengeräten verbindet das Tragegestell die Flaschen zu einem Paket.

Das Gestell besteht im wesentlichen aus vier Teilen. Die Schellen, die
die Flasche fest angezogen umfassen, sind mit der Trageschale verbunden. An dieser Schale ist die Bänderung angebracht. Der Bauchgurt
dieser Bänderung wird mit der Schnellabwurfschnalle geschlossen und
geöffnet.

Ein gutes Tragegestell hat eine geformte Trageschale und kräftige,
nicht zu weiche Gurte mit leichtgängigen, ausreichenden Verstellmög-
lichkeiten. Die Schellen selbst sind aus Aluminium oder Edelstahl, zum
Teil mit Kunststoff überzogen. Die Trageschale besteht aus Kunststoff
oder Alurohr. Für die Bänderung müssen unverrottbare Gurte aus
Trevira oder Kunststoffgeweben verwendet werden. Die Schnallen
sind meist Messing verchromt. Die Pflege ist einfach. Lediglich die
Gewinde der Schellen bedürfen einer gelegentlichen Einfettung.

Der *Lungenautomat* (LA) ist das Herzstück eines PTG. Ein moderner
Automat soll (a) den Hochdruck der Preßluft auf den Druck des
umgebenden Wassers herunterregulieren und das Gas atembar machen, (b) in jeder Tiefe und bei starker körperlicher Belastung eine
ausreichende Luftlieferleistung aufweisen und dabei einen minimalen
Anspring-, Ein- und Ausatemwiderstand haben sowie (c) diese Funktionen jahrelang ohne aufwendige Wartung erfüllen.

Druckdifferenzen lösen die Mechanik des Automaten aus. Der Wasserdruck selbst steuert die Dichte der dem Taucher zugeführten Luft.
So genügt ein Absinken des Tauchers um wenige Zentimeter, und eine
dem Wasserdruck ausgesetzte Membrane im Automaten reagiert und

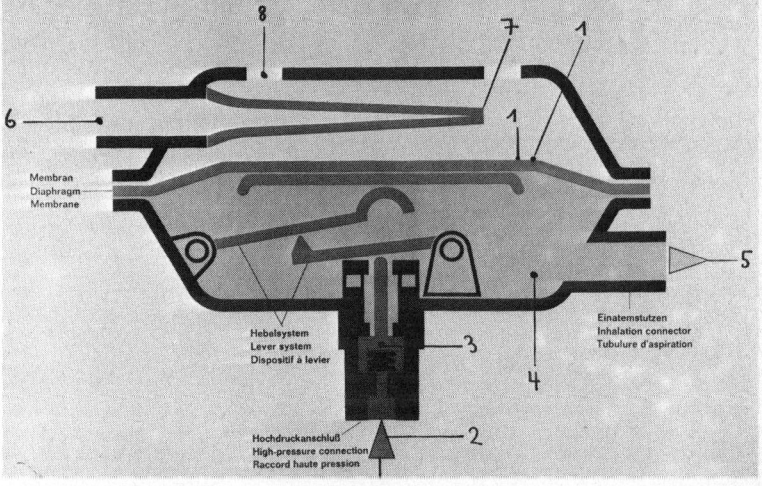

Prinzip eines einstufigen Zweischlauch-Lungenautomaten

1 = Membrane. Durch Wasserdruck beim Abtauchen oder Unterdruck bei Einatmung (5) drückt sie auf das Hebelsystem und öffnet das Kegelventil (3) so lange, bis der Umgebungsdruck erreicht bzw. die Einatmung beendet ist.

2 = Hochdruckluft von der Preßluftflasche

3 = Kegelventil

4 = Hier ist die Druckluft entsprechend dem Umgebungsdruck, in *einer* Stufe vom Hochdruck heruntergeregelt.

5 = Hier wird der Einatemschlauch angeschlossen.

6 = Ende des Ausatemschlauchs

7 = Das sogenannte Entenschnabelventil (Prinzip: Rückschlagventil)

8 = Abströmöffnungen ins freie Wasser für die Ausatemluft.

löst über ein Hebelsystem die Zufuhr von Luft aus, bis Druckgleichheit herrscht. Der gleiche Vorgang läuft ab, wenn der Taucher durch den Einatemschlauch Luft ansaugt. Die dabei entstehende Druckdifferenz drückt wiederum die Membrane gegen das Hebelsystem, bis der Einatemvorgang beendet ist.

Man unterscheidet zwischen Ein- und Zweistufenautomaten sowie zwischen Ein- und Zweischlauchautomaten. Beim einstufigen System wird der Hochdruck unmittelbar auf den Umgebungsdruck gemindert. Der zweistufige Lungenautomat senkt den Hochdruck mittels der ersten Stufe auf einen Mitteldruck von circa 5 bis 8 bar über dem jeweiligen Umgebungsdruck; die zweite Stufe regelt dann weiter herunter bis auf den umgebenden Wasserdruck.

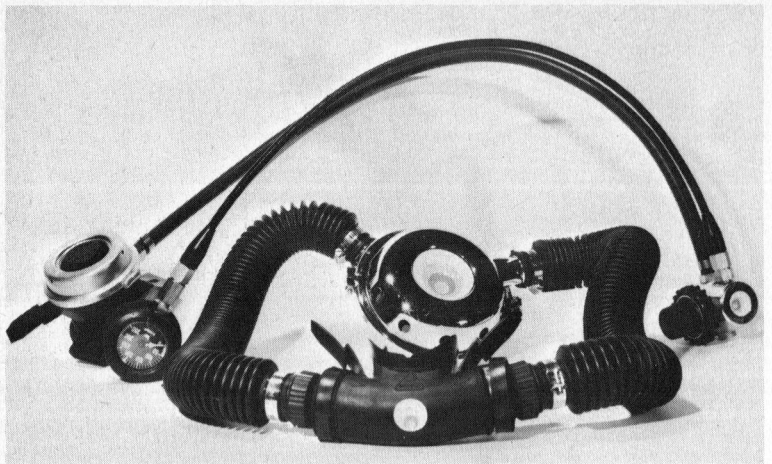

Oben: Einschlauchautomat mit Finimeter
Unten: Zweischlauchautomat

Einschlauchautomaten sind grundsätzlich zweistufig. Ihre erste Stufe gibt den Mitteldruck durch einen Schlauch an die zweite Stufe weiter, in der die Mechanik für die Reduzierung auf den Umgebungsdruck, das Mundstück für die Ein- und Ausatmung, Ausgänge für Ausatemluft und die Luftdusche eingebaut sind.

Zweischlauchautomaten können sowohl einstufig wie zweistufig konstruiert werden. Die Druckreduzierung geschieht jedoch nur in dem in das Flaschenventil eingeschraubten Gehäuse. Von dort wird die Luft durch den großvolumigen Faltenschlauch (Einatemschlauch) zum Mundstück geführt und eingeatmet, bei der Ausatmung durch einen zweiten Faltenschlauch (Ausatemschlauch) zum Gehäuse zurücktransportiert und dort ins Wasser abgeblasen.

Die Vorteile des Einschlauch-Lungenautomaten sind: sehr geringer Einatemwiderstand, und zwar unabhängig von der Körperlage des Tauchers, gute Wechselatmungsmöglichkeiten zwischen zwei Tauchern, Komfort der Luftdusche und seine Robustheit.

Nachteile sind eine schlechte ‹Griffbereitschaft› des Mundstücks und störende Ausatem-Luftblasen, die vorwiegend im Gesichts- und Ohrbereich aufsteigen.

Die Vorteile des Zweischlauch-Lungenautomaten sind eine gute ‹Griffbereitschaft des Mundstücks, keine störenden Ausatem-Luftblasen und sein symmetrisches Erscheinungsbild.

Als Nachteile sind vor allem der höhere Atemwiderstand, die Beeinflussung des Einatemwiderstands durch die Körperlage des Tauchers,

Keinen Grund unter den Füßen...

…und das Wasser steht einem überm Kopf, man geht unter, man sinkt, es geht abwärts in die Tiefe…
…das kann ein Vergnügen sein, wenn es sich ums Tauchen handelt –
…das kann eine Katastrophe sein, wenn alles bildlich gemeint ist.
In beiden Fällen ist es gut, wenn man etwas im Rücken hat, eine Flasche voll Luft in jenem, eine Tasche voll Geld in diesem Falle.

eine schwierigere Durchführung der Wechselatmung und die geringere Robustheit aufgrund relativ empfindlicher Faltenschläuche.

Grundsätzlich sollte nach jedem Tauchen in Chlor- oder Salzwasser der Lungenautomat gründlich in Süßwasser ausgespült werden. Während der Spülung und bei Transport und Lagerung wird Hochdruckanschluß mit einer Blindschraube abgedichtet. Im Abstand von etwa zwei Jahren soll ein Lungenautomat zur Überholung (Austausch der Verschleißteile wie Membranen, Dichtungen) an ein geeignetes Unternehmen gegeben werden.

Ein komplettes Preßlufttauchgerät ist die teuerste Anschaffung in der Tauchausrüstung. Deshalb sind einige Überlegungen vor dem Kauf angebracht.

Etwa 90 Prozent der Taucher wählen das 10-l-Einflaschengerät. Es ermöglicht mit 2000 NL Luftvorrat bei 200 bar ausreichend lange Tauchgänge. Beim Material geht der Trend eindeutig zum Aluminium. Das größere Volumen und Gewicht der Aluflaschen wird in Kauf genommen für den Vorteil der Korrosionsfreiheit und der damit verbundenen auf sechs Jahre verlängerten TÜV-Frist. – Stahlflaschen dagegen müssen zur Zeit alle zwei Jahre zur Überprüfung. Die Kosten dafür sind nicht gerade gering.

Das 300-bar-System wurde vor einigen Jahren in Deutschland eingeführt. Diese Neuerung hat nicht den Durchbruch erzielt, den man sich vielleicht vorgestellt hat. Der Vorteil des größeren Luftvorrats erfordert einigen Aufwand. Wer auf 300 bar ‹umsteigen› will, braucht (a) eine entsprechend zugelassene Stahlflasche, (b) einen für diesen Druck konstruierten Lungenautomaten und (c) einen Kompressor, der auf 300 bar verdichtet. Kommerzielle Füllstationen, die Geräte auf 300 bar füllen, sind in der Minderzahl. 200-bar-Geräte sind daher nach wie vor die meistgekauften Preßlufttauchgeräte, nicht zuletzt deshalb, weil Aluflaschen nicht für höhere Drücke zugelassen werden.

Bei der Frage, ob Reserveschaltung oder Finimeter gewählt werden soll, gehen die Meinungen auseinander. Fest steht, daß eine Reserveschaltung nicht so zuverlässig sein kann wie der Finimeter. Letzterer ist wiederum nur sinnvoll, wenn er regelmäßig abgelesen wird. Wer sich erst einmal an den Gebrauch des Finimeters gewöhnt hat, wird ihn nicht mehr missen wollen. Am sichersten ist es für den Taucher, Reserveschaltung und Finimeter zu verwenden.

Bei den Lungenautomaten hat der Einschlauch-Lungenautomat den Markt erobert. Er wird bei Neuanschaffungen dem Zweischlauch-Lungenautomaten vorgezogen.

Für das Anschlußsystem zwischen Lungenautomat und Flaschenventil ist der deutsche R 5/8-Gewindeanschluß (DIN-Anschluß) dem Internationalen Anschluß (INT-Anschluß) vorzuziehen. – Wer viel ins Ausland fliegt, dort tauchen will und seinen eigenen Lungenautomaten verwenden möchte, ist allerdings mit dem INT-Anschluß in vielen Fällen besser beraten. Ein brauchbarer Kompromiß ist ein INT-Adapter für das deutsche Gewinde.

Tiefenmesser

Seine Aufgabe ist es, die jeweilige Wassertiefe in Metern exakt anzugeben, wobei auf der Skala die Deko-Stufen deutlich markiert werden sollen. Man unterscheidet zwei Arten von Tiefenmessern. (a) Geräte, die nach dem Boyle-Mariotteschen Prinzip funktionieren. Dabei wird eine Luftsäule entsprechend dem eindringenden Wasser komprimiert. Die Grenzfläche Luft/Wasser ist erkennbar und zeigt so die Tiefe an. (b) Membran-Tiefenmesser. Hier wird der Wasserdruck über eine Membrane auf einen Zeiger umgelenkt, der in linearer Zu- und Abnahme die Tiefe anzeigt.

Verschiedene Tiefenmesser
1 = Ölbadgelagertes Instrument mit Schleppanzeiger. Dieser zeigt auch nach dem Tauchgang noch die größte erreichte Tiefe an. Größe: normal.
2 = Sehr einfaches Gerät nach dem Boyle-Mariotteschen Prinzip. Das eindringende Druckwasser preßt eine Luftsäule zusammen. An der Grenzfläche läßt sich die Tiefe ablesen. Ungenau in größeren Tiefen (siehe Skala).
3 = Sehr präzises Instrument; Membran-Tiefenmesser mit gut ablesbarer Skala. Stark gespreizter Bereich in geringen Tiefen (= Deko-Zone). Nicht ölgefüllt, Nullpunkt justierbar (bei Luftdruckabweichungen).
4 = Ölgefüllter Membran-Tiefenmesser; Vorteil: geringe Größe.

Die Vorteile des Boyle-Mariotte-Tiefenmessers liegen im günstigen Ladenpreis. Es zeigt die geringen Tiefen genau, weil weit gespreizt, an (gut für Deko). Da die Konstruktion denkbar einfach ist, kann kaum etwas ausfallen. Nachteile: Je tiefer man taucht, desto ungenauer wird die Anzeige. Das Ablesen der Skala ist nicht sehr einfach.

Die Vorteile des Membran-Tiefenmessers sind: Die Systeme zeigen geringe und große Tiefen ausreichend genau an, die Skala ist gut ablesbar. Nachteile sind der relativ hohe Preis und die Gefahr der ungenauen Anzeige bei Luftdruckschwankungen oder nach Beschädigungen durch starke Erschütterungen.

Für Schnorcheltaucher bzw. für maximale Tauchtiefen bis 15 m genügen Geräte, die nach dem Boyle-Mariotteschen System funktionieren.

Für größere Tiefen ist der Membran-Tiefenmesser besser, wobei ölgefüllte wie auch justierbare Geräte vorzuziehen sind.

Taucheruhr

Die Uhr soll die präzise Einhaltung der geplanten Tauchzeit, die Feststellung der tatsächlich unter Wasser verbrachten Zeit wie auch die genaue Durchführung der Deko-Zeiten ermöglichen.

Taucheruhren sind fast normale Uhren. Ihre technischen Besonderheiten bestehen in der absoluten Druckwasserdichtigkeit und in dem drehbaren Einstellring, der entweder die Vorgabe einer bestimmten Tauchzeit oder als Merkhilfe das Ablesen der tatsächlich unter Wasser verbrachten Zeit erlaubt. – Sie bedürfen keiner besonderen Pflege. Im Abstand von etwa drei Jahren sollten sie zur Überprüfung und zum Auswechseln der Dichtungen einer geeigneten Firma übergeben werden.

Zur Anschaffung kommen praktisch nur automatische Uhren in betracht. Nichtautomatische könnten im unpassenden Moment stehenbleiben; ihre Dichtigkeit an der Krone wäre durch das tägliche Aufziehen auf die Dauer in Frage gestellt. Die Uhr sollte auf wenigstens 10 bar (atü, ata) Überdruck geprüft sein.

Nicht unwichtig ist das richtige Armband, das aus Metall und völlig rostfrei sein sollte. Leder ist weniger, Gummi oder Kunststoff wiederum gut geeignet. Wird die Uhr beim Tauchen über dem Anzug getragen, dann muß das Armband eine ausreichend große Verstellmöglichkeit haben.

Taucheruhren werden in aller Regel nicht nur zum Tauchen, sondern auch im täglichen Gebrauch verwendet. Dies sollte bedacht werden, bevor man sich zum Kauf eines Renommierexemplars verleiten läßt. Im übrigen gilt: Superteuer muß die Uhr wirklich nicht sein.

Messer

Das Messer soll für den Taucher nicht Waffe, sondern Werkzeug zum Schneiden, Sägen, Brechen und Schlagen sein. Natürlich sind Tauchermesser aus (mehr oder weniger) rostfreiem Stahl gefertigt. Der Griff ist meist mit Plastik überzogen. Zur Pflege reicht es aus, das Messer nach dem Tauchen mit Süßwasser abzuspülen und das Metall immer leicht eingefettet zu halten.

Da das Messer mehrere Funktionen erfüllen soll, muß es eine scharfe Schneide und eine Sägezahnung haben sowie stark genug zum Brechen sein. Wenn der Metallgriff aus der Plastikumhüllung herausragt, ist das Messer auch als Schlagwerkzeug geeignet.

Die Beinscheide ermöglicht das bequeme Ergreifen des Messers unter optischer Kontrolle. In ihr muß die sichere Aufbewahrung des Messers gewährleistet sein. Gut ist es, wenn man die Halteriemchen der Beinscheide unter Wasser durch einfachen Zug nachziehen kann.

Tarierweste

Entstehung und Verwendung der Tarierweste ist eine logische Entwicklung, die sich aus der Tatsache der oft unangenehmen und gefährlichen Auftriebsveränderungen bei der Verwendung des Naßtauchanzugs erklärt.

Die Weste ermöglicht nach entsprechendem Training:
a) ein hydrostatisches Gleichgewicht in jeder Tiefe,
b) den Schnellaufstieg in Notsituationen,
c) eine kurzzeitige Atmung bei Ausfall des Preßlufttauchgeräts,
d) eine Erleichterung bei der Bergung von Gegenständen und
e) ein sicheres Schwimmen an der Oberfläche mit schwerer Ausrüstung und bei Erschöpfung.

Die Weste besteht aus
- dem flexiblen Westenkörper von 14 bis 18 l Inhalt. Integriert in diesen ‹Beutel› ist das Überdruckventil, welches ein Platzen der Weste verhindert.
- der Westenflasche. Das ist eine Mini-Preßluftflasche von etwa 0,5 l Inhalt und einem maximalen Fülldruck von 200 bar. Sie ist direkt an die Weste gekoppelt, wird aber nur für Notaufstiege bzw. für Übungen benutzt.
  Das Ventil dieser Flasche muß einen unkomplizierten Anschluß an das eigene PTG zwecks Wiederauffüllung ermöglichen,
- dem Atemschlauch mit Mundstück. Es dient dem Einblasen der Ausatemluft bzw. dem Ablassen der Luft zu Tarierzwecken, in Notfällen auch zur kurzzeitigen Atmung aus der Weste,
- der Schnellentlüftung. Sie bewirkt das schlagartige Entleeren des Westenkörpers für den sogenannten Schnellstopp,

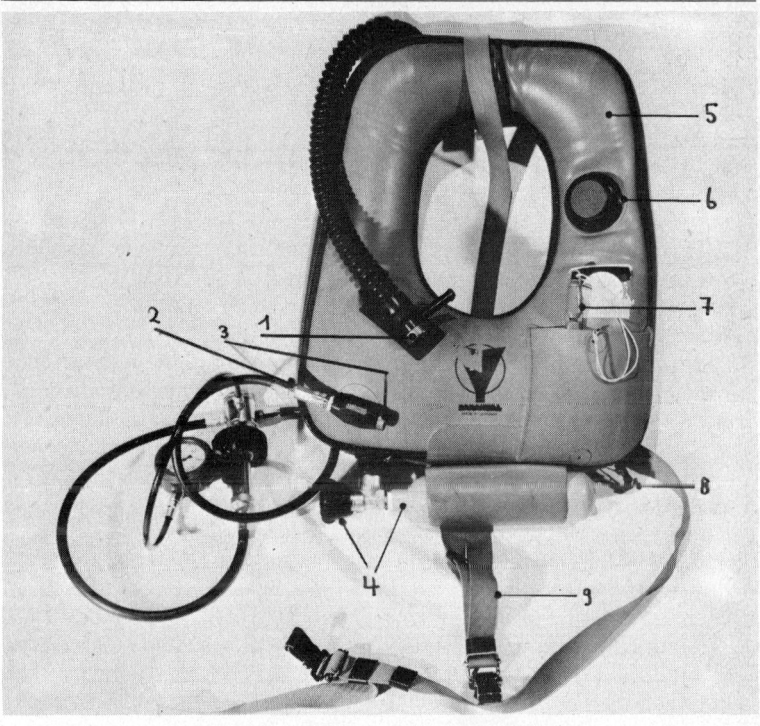

Tarier- bzw. Sicherheitsweste
1 = Mundstück am Faltenschlauch,
    hier mittels Klettverschluß am
    Westenkörper befestigt
2 = Inflatoreinrichtung.
    Von der 2. Stufe des Lungenau-
    tomaten wird Druckluft per By-
    Paß-Betätigung (3) für die Weste
    abgezweigt.

3 = By-Paß
4 = Preßluftflasche (200 bar)
    mit Ventil
5 = Westenkörper
6 = Überdruckventil
7 = Signalpfeife
8 = Entwässerungsstöpsel
9 = Gurte

- den Gurten, die ein einfaches Anlegen der Tarierweste gestatten
  sollen.
  Eine sich immer mehr durchsetzende Zusatzeinrichtung ist
- der Inflator. Das ist eine Schlauchverbindung mit Druckknopfventil
  (By-Paß) von der Weste zum PTG. So kann die zum Tarieren erforderliche Luftmenge der Preßluftflasche bequem entnommen werden, ohne daß man noch die Ausatemluft per Atemschlauch einführen müßte.

Bei Westenübungen mit Benutzung der Westenflasche soll diese nicht vollständig entleert werden, um das Eindringen von Seewasser in die Flasche zu vermeiden. Nach dem Tauchen ist das in den Westenkörper eingedrungene Wasser zu entfernen und die Weste mit Süßwasser abzuwaschen. Vor längerer Lagerung muß auch das Innere des Beutels mit Süßwasser ausgespült werden; dann wird die Weste aufgeblasen und aufgehängt.

Tarierwesten sind erst seit wenigen Jahren verbreitet. Konstruktion und Anordnung der verschiedenen Bauteile lassen noch manche Wünsche offen. So ist bei einigen Fabrikaten die Westenflasche dort placiert, wo sie bei angelegter Weste am wenigsten sitzen sollte: über den Schnellverschlüssen von PTG und Bleigürtel. Bilder von Tauchern, die sich bereits beim Schließen dieser Gurte abmühen, sind nicht selten.

Eine optimale Weste nach derzeitigem Stand sollte etwa so aussehen: Der Westenkörper besteht aus unverrottbarem, strapazierfähigem, signalfarbenem Material. Sie sollte eine einfach zu bedienende Schnellentlüftung und einen Atemschlauch mit automatischem Mundstück haben, damit die Atmung aus der Weste so unkompliziert wie möglich wird. Die Westenflasche sollte aus Stahl oder Alu sein, mindestens 0,4 l Inhalt haben und mit leichtgängigem Ventil, das eine unkomplizierte Wiederauffüllmöglichkeit ohne Werkzeuganwendung gestattet, ausgerüstet sein.

Die Mehrkosten für den Inflator sollten in jedem Fall in Kauf genommen werden. Das Tarieren mit der Ausatemluft dagegen kann in gewissen Situationen eine unnötige Gefährdung bedeuten; in ausgeatmetem Zustand tritt nach kurzer Zeit Atemnot ein. So kann ein nicht rechtzeitiges Wiedereinsetzen des Gerätemundstücks schnell zur Katastrophe führen.

Zur Größe der Westenflasche hier ein interessantes Rechenbeispiel: Bei einem Flascheninhalt von 0,5 l und einem Fülldruck von 200 bar ergeben sich

0,5 mal 200 = 100 NL Luftvorrat.

Beim Aufdrehen der Flasche in 50 m Tiefe wird dann aber lediglich ein Volumen aufgefüllt von

100 NL : 6 bar = 16,6 l.

Das bedeutet, daß eine Weste von 16 l Inhalt bei völliger Entleerung gerade noch ihre Maximalfüllung nach dem Öffnen der Flasche erreichen würde.

Handkompaß

Der Handkompaß ist eine Orientierungshilfe beim Tauchen wie auch beim Schnorcheln an der Oberfläche. Mit Hilfe des Kompasses lassen sich Tauchgänge effektiver und sicherer durchführen. Richtungskontrolle, Richtungswechsel und Wiederauffindung des Ausgangspunkts (Boot) sind mit diesem Instrument wesentlich besser durchzuführen. UW-Kompasse müssen aus korrisionsfreiem Material und druckwasserdicht sein. Wichtig ist, daß die Nadel des Kompasses nicht bereits bei der geringsten Schräglage blockiert. Gut geeignet, wenn auch voluminöser, sind flüssigkeitsgefüllte Kugelkompasse.

Dekompressiometer
Der Dekompressiometer übernimmt die Simulation der Stickstoffsättigung im Körper während des Tauchens und nach dem Tauchen sowie vor und während der Wiederholungstauchgänge. Er gilt als zusätzliches Instrument zur Erhöhung der Sicherheit neben der rechnerischen Kontrolle mittels Uhr, Tiefenmesser und Tabelle.
Der Vorteil des Deko-Meters liegt in der Erfassung jener (typischen) Sporttauchgänge, bei denen laufend die Tauchtiefe gewechselt wird. Die Deko-Tabelle würde bei solchen Tauchgängen in vielen Fällen unnötig kurze Nullzeiten bzw. nicht erforderliche Deko-Pausen ausweisen, da man eben die gesamte Tauchzeit auf die maximal erreichte Tiefe anrechnen müßte.

Der Deko-Meter.
Links das seit vielen Jahren unverändert gebaute große Instrument.
Rechts die moderne kleinere Version.

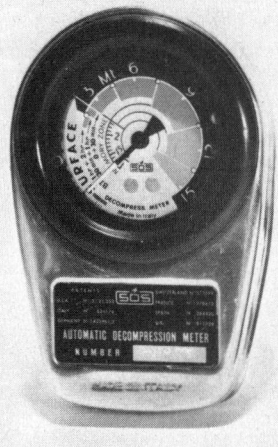

Die Funktionszuverlässigkeit des Deko-Meters ist nicht mehr gegeben
bei langen Tauchgängen in geringen Tiefen sowie bei Tiefen über 60 m.
Nach dem Tauchen soll der Deko-Meter in Süßwasser ausgewaschen
werden. Gelegentlich kann etwas Silokonspray durch die Wasserein-
trittsöffnung in das Innere gegeben werden. Das Gerät ist vor harten
Erschütterungen zu bewahren. Beim Fliegen nicht im Fluggepäck ver-
stauen, sondern ins Handgepäck nehmen. Der Unterdruck im Gepäck-
raum führt zur Beschädigung.
Einmal im Jahr sollte man das Gerät testen, in dem man es 30 Min. auf
30 m Tiefe absenkt. Wenn die Anzeige auf dem Instrument dann
gravierend von der Aussage der Deko-Tabelle abweicht, muß eine
Überprüfung durch den Hersteller erfolgen.
Ein Deko-Meter empfiehlt sich für Taucher, die häufig größere Tiefen
aufsuchen und sich oft in der Nähe der Nullzeit-Grenze bewegen bzw.
Deko-Tauchgänge unternehmen.

Ausbildung und Training

Die eigentliche Benutzung eines PTG erfordert praktisch keine Übung.
Atmung ist lebensnotwendig, das Tauchgerät ermöglicht sie. Probleme
in Verbindung mit dem Gerätetauchen ergeben sich erst durch die
begleitenden Bedingungen psychischer und physischer Art: Unsicher-
heit, Angst, Stress, Mißbrauch, Tiefe, Strömung, Funktionsausfall,
Festhängen usw.
Das Erlernen des Tauchens mit Gerät schließt daher das Wissen um die
Physiologie, die Kenntnis der Gerätefunktion, die Gewöhnung an das
Gerät und die Übung bestimmter Situationen ein. Außerdem erfordert
das Tauchen mit umfangreicher Ausrüstung Routine und Gelassenheit,
Eigenschaften, die ausschlaggebend sind für die richtige Reaktion bei
unvorgesehenen Zwischenfällen unter Wasser.
Die Gewöhnung an das PTG sowie Übungen zur Bewältigung be-
stimmter Situationen erfolgen am schnellsten und sichersten im Swim-
mingpool bzw. in der Schwimmhalle. In deren begrenzten, überschau-
baren Bereich ist der Schüler weder Kälte noch Strömung, weder
Seegang noch Dunkelheit ausgesetzt. Er kann sich daher voll auf die
Übungen konzentrieren. Diese idealen Bedingungen sind auch die
Erklärung dafür, warum viele Tauchschulen am Meer ihren Gästen die
ersten ‹Schritte› im Schwimmbecken beibringen.
Dennoch muß ganz klar gesagt werden, daß ein Kursus im Gerätetauchen, der nur im Schwimmbad stattfindet, nicht ausreichend sein kann.
Anschließende Ausbildungstauchgänge im freien Wasser sind nicht
ersetzbar durch ein noch so langes Hallentraining.

Unterwasser-Handzeichen

Unterwasser-Sprechverbindungen für Taucher sind aufwendig, umständlich und teuer, für den sportlichen Anwendungsbereich daher unbrauchbar.
Wichtige Verständigungssignale geben sich Sporttaucher per Handzeichen. Diese sind unkompliziert und daher auch unter Wasser leicht zu verstehen. Zu Beginn eines Tauchkurses sollte man zumindest die acht Pflichtzeichen kennen; den Schülern selbst, aber auch den Lehrern wird dadurch der Ablauf des Kurses erleichtert.

Die international gültigen *Pflichtzeichen* sind:

1: «Alles in Ordnung!» oder
   «Ist alles in Ordnung?»

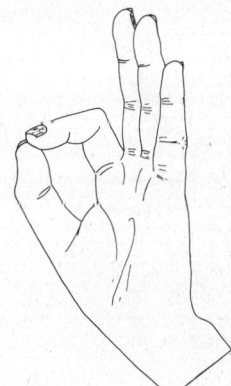

2: «Irgend etwas stimmt nicht!»
   oder «Mir ist nicht wohl!» (drehende oder schüttelnde Bewegung der Hand aus dem Handgelenk)

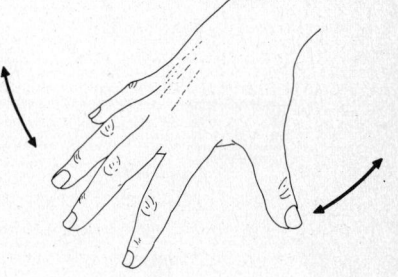

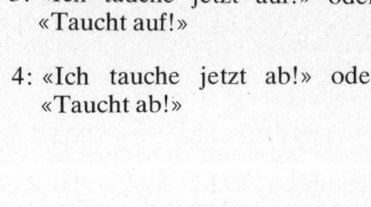

3: «Ich tauche jetzt auf!» oder
«Taucht auf!»

4: «Ich tauche jetzt ab!» oder
«Taucht ab!»

5: «Ich habe meine Reserve geöffnet!

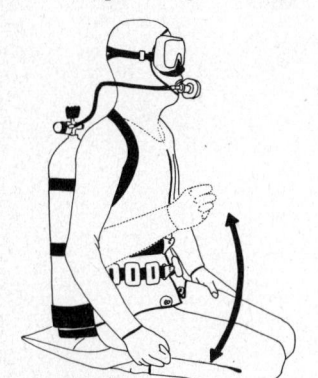

6: «Öffne du meine Reserve!»
(«Ich kann meine Reserve nicht
öffnen!») (mehrfache Zugbe-
wegung mit dem Unterarm)

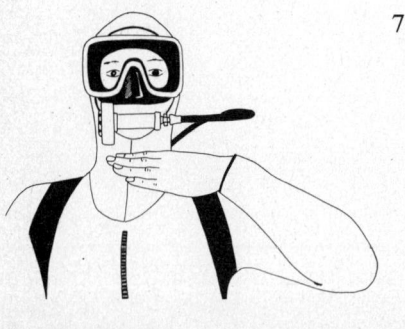

7: «Ich habe keine Luft mehr!»
(Bewegung mit der Handkante
gegen die Kehle)

8: Notzustand an der Wasseroberfläche (kräftiges Schlagen mit
   flacher Hand auf die Wasseroberfläche)

Dreizehn weitere *Zusatzzeichen*, deren Erlernen dringend empfohlen
wird, sind:

1: Hinweis (Faust geschlossen,
   Finger zeigt auf das Objekt)
   a) «ich»
   b) «du» oder «da»
   c) «da» (wenn es sich um meh-
      rere Objekte handelt)

a

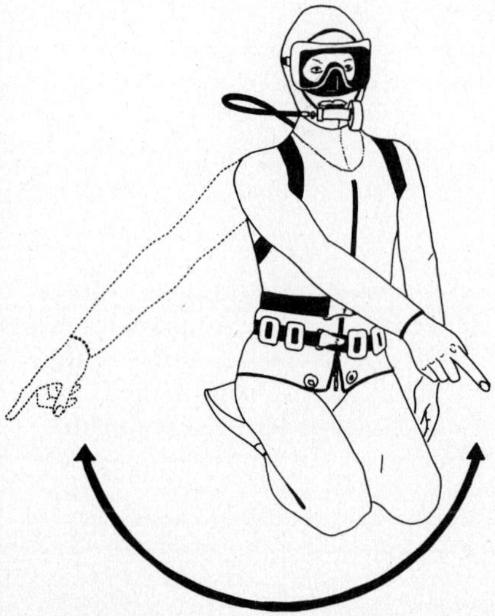

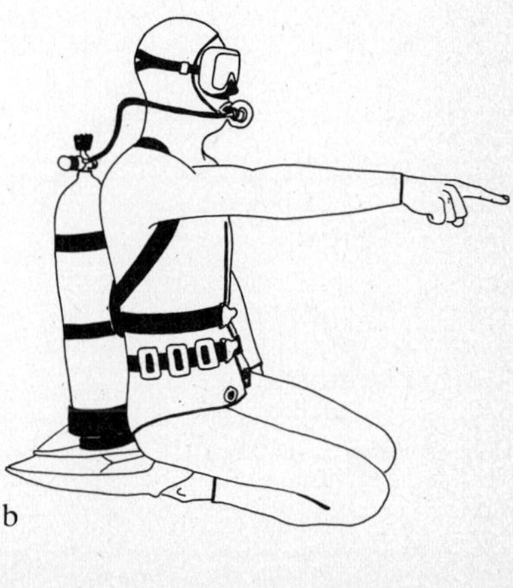

b

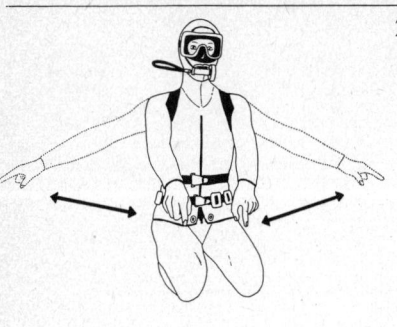

2: «Versammeln» oder «Zusammenkommen» (beide Fäuste geschlossen, Zeigefinger ausgestreckt, die Arme gehen mehrmals auseinander und wieder zusammen)

3: «Halt!» oder «Achtung!»

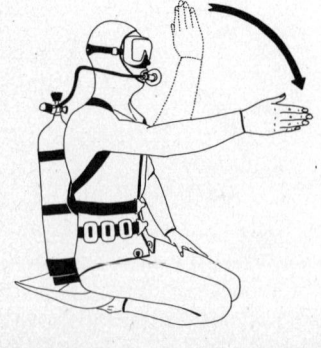

4: «... diese Richtung!» (offene Hand, Finger zusammen, die erhobene Hand durch Ausstrecken des Arms in die zu bezeichnende Richtung bringen)

5: «Nein!» (offene Hand, Finger beisammen, die flache Hand dem Partner zugewandt, der Arm geht vor dem Körper von rechts nach links)

6: «Langsam!» (offene Hand, Handfläche unten, der Arm geht vor dem Körper langsam hoch und runter)

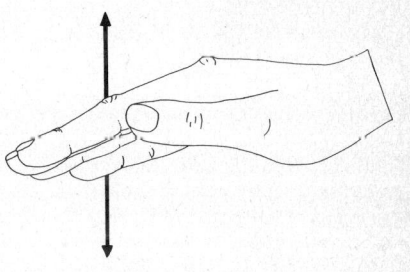

7: «Schnell!» oder «schneller!» (offene Hand, Handfläche nach oben, der Arm beschreibt vor dem Körper schnelle Kreise um eine horizontale Achse)

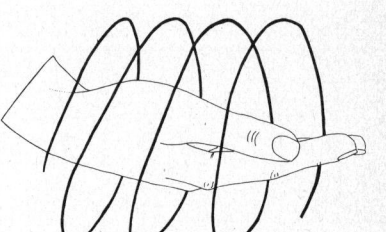

8: «Druckausgleich» (Handfläche dem Partner zugewandt, der Daumen abgespreizt, die anderen Finger schließen und öffnen sich)

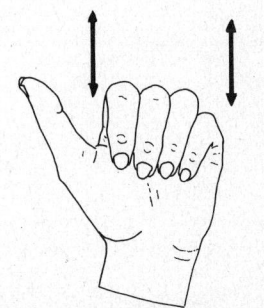

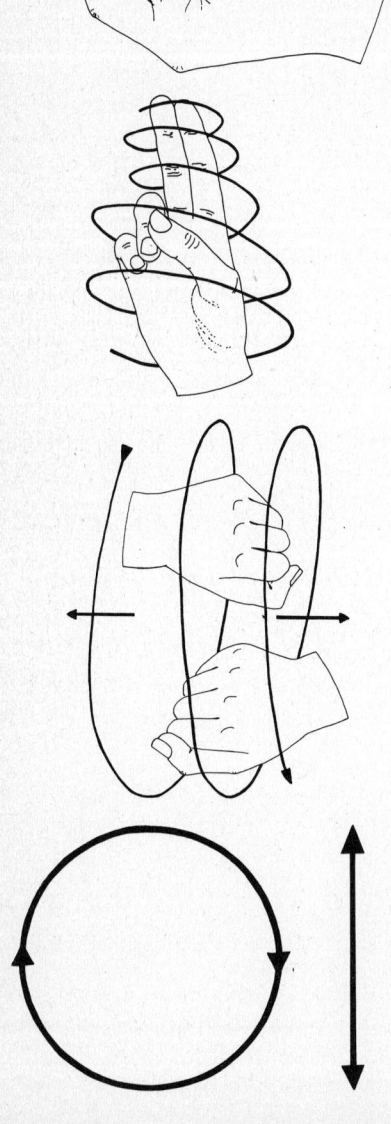

9: «Nicht verstanden» (Handfläche nach oben, die Finger öffnen und schließen sich)

10: «Schwindelgefühl» (Zeige-
und Mittelfinger ausgestreckt,
die anderen Finger auf der
Hand geschlossen. Der Arm
beschreibt Kreise um eine ver-
tikale Achse)

11: «Anbinden» oder «Festma-
chen» (die beiden Hände zur
Faust geschlossen, die Arme
drehen sich horizontal vor
dem Körper, einer um den anderen, dann nach einer gewissen Zeit mit einem Ruck auseinander)

Zwei *Nachttauchsignale*:
12: «Alles in Ordnung» (kreisende
Bewegungen mit der Lampe)
13: «Irgend etwas stimmt nicht»
(auf und ab mit der Lampe)
Diese Nachttauchsignale können sowohl unter wie auch
über Wasser gegeben werden.

Unterwasser-Handzeichen sind kurze, prägnante Signale. Sie sind entweder eine *Aussage*, eine *Frage*, eine *Antwort*, eine *Aufforderung* oder eine *Bitte*. Die Anwendung der Handzeichen und die richtige Deutung durch den/die Empfänger erhöhen die Sicherheit bei Tauchgängen.

Einige *Beispiele* sollen die Bedeutung der Handzeichen verdeutlichen: Kurz vor dem Abtauchen einer Gruppe hebt einer der Taucher die Hand und gibt das Okay (O. K.)-Zeichen. Dies ist seinerseits eine Aussage, daß er klar ist, gleichzeitig aber auch eine Frage an die anderen, ob sie ebenfalls bereit sind. Jene antworten ihrerseits mit dem O. K.-Signal.

Der Ausbilder gibt das Zeichen zum Abtauchen. Dies ist eine Aufforderung an alle. In 4 m Tiefe stoppt der Leiter die Taucher durch die Aufforderung «Halt». Dann kommt von ihm das Zeichen O. K. als Frage an die übrigen Teilnehmer. Diese antworten entweder mit dem O. K.-Signal oder auch mit dem Unklar-Zeichen, mit einem ergänzenden Hinweis, etwa bei Druckausgleichsschwierigkeiten.

Ist die Gruppe auf dem Grund gelandet und sind die O. K.-Signale ausgetauscht, dann kommt vom Leiter ein Richtungszeichen. Das kann eine Aufforderung («Folgt mir») oder eine Aussage («Dort muß das gesuchte Objekt liegen») sein. Nach einiger Zeit kommt von einem Taucher die Aussage «Ich habe meine Reserve gezogen». Ein weiterer hat Schwierigkeiten mit der Reserveschaltung und signalisiert die Bitte an seinen Tauchpartner «Öffne du meine Reserve».

Der dritte Mann besitzt ein PTG ohne Reserveschaltung und beobachtet den Finimeter nicht. Plötzlich gibt der Automat kaum noch Luft. Das Zeichen «Habe keine Luft mehr!» ist Aussage einerseits und Aufforderung zur unbedingten Hilfeleistung andererseits.

Überprüfen und Anlegen der Ausrüstung

Das erste, was ein Tauchschüler lernen sollte, ist das Fertigmachen und Prüfen des Preßlufttauchgeräts. Man checkt zunächst den Luftvorrat. Dazu wird der Handmanometer dort ins Flaschenventil geschraubt, wo sonst der Lungenautomat sitzt. Das Ventil wird geöffnet und der Druck abgelesen. Nun schließt man das Ventil wieder und wartet ab, bis der Hochdruck im Manometer durch eine Drosseldüse abgebaut ist. Danach wird der Handmanometer wieder abgeschraubt. Dieser wird zur Prüfung des Drucks nicht benötigt, wenn das PTG einen Finimeter hat. Dann verschließt man nur das Flaschenventil mit dem Lungenautomaten oder mit einer Blindschraube, öffnet das Ventil und liest den Druck an der Armatur ab.

Natürlich braucht das PTG nicht in jedem Fall maximal gefüllt zu sein. Mit 100 bar Druck kann man in geringer Tiefe mehrere Tauchübungen machen und kommt mit ziemlicher Sicherheit in die Phase des erhöhten Atemwiderstands und schließlich des ‹Reserveziehens›.

Der Lungenautomat wird erst unmittelbar vor dem Tauchen montiert, um Schäden durch Transport oder Umstürzen zu vermeiden. Die O-Ringdichtung des Automaten erlaubt es, ihn nach dem Einschrauben in das Ventil von Hand anzuziehen. Die vollständige Dichtung und Arretierung erfolgt durch den Hochdruck nach dem Öffnen des Ventils. Deshalb muß vorher die Position der Atemschläuche festgelegt werden.

Einschlauchautomat
Position falsch

Einschlauchautomat
Position richtig

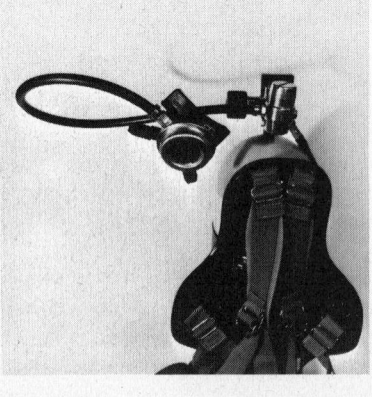
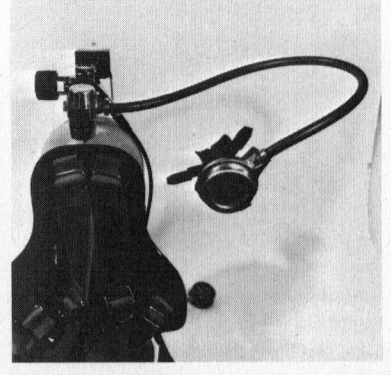

Bei einem Einschlauchautomat ist zu prüfen, ob dieser Blasenabweiser hat. Dann muß der Schlauch (meist links) so am Kopf des Tauchers vorbeiführen, daß die Abweiserstutzen unten und das Mundstück oben sind, wenn der Automat benutzt wird.

Bei den Zweischlauch-Lungenautomaten müssen Ein- und Ausatemschlauch nach oben zeigen.

Sind der Luftvorrat kontrolliert, der Automat angeschraubt und das Ventil der Flasche geöffnet, dann prüft man kurz die Funktion. Dazu atmet man ein- bis zweimal aus dem Gerät. Der Widerstand bei der Ein- und Ausatmung darf nur gering sein.

Soll der Lungenautomat abgenommen oder auch nur gedreht werden, um die Position der Schläuche zu verändern, dann muß zunächst der Hochdruck zwischen Ventil und Automat abgebaut werden. Deshalb wird das Flaschenventil zugedreht. Beim Einschlauch wird durch Betätigung der Luftdusche, beim Zweischlauch durch Leeratmen der Überdruck beseitigt. Jetzt kann das Handrad des Automaten gedreht werden. – Wenn die Funktion des Preßlufttauchgeräts geprüft worden ist, erfolgt das Anlegen der Ausrüstung.

Im Regelfall gilt folgende Reihenfolge: Zunächst wird das Preßlufttauchgerät angelegt, dann unmittelbar am bzw. im Wasser Maske und Schnorchel aufgesetzt, und zum Schluß steigt man in die Flossen. Kurz vor dem Aufnehmen des PTG wird noch einmal geprüft, ob das Flaschenventil geöffnet und das Reserveventil geschlossen sind.

Zweischlauchautomat
Position falsch

Zweischlauchautomat
Position richtig

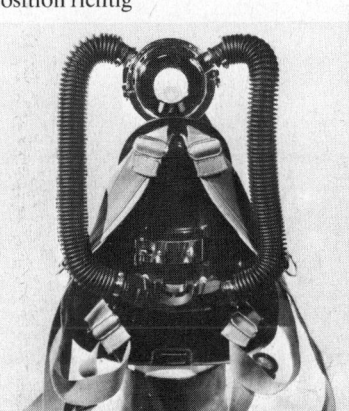

Das Anlegen des Geräts wird sicher in den ersten Stunden des Unterrichts am besten gelingen, wenn ein Helfer zupackt. Nach einigen Übungsversuchen muß man aber in der Lage sein, sein PTG ohne Assistenz an- und abzulegen. Für das Anlegen der Flaschen gibt es zwei Möglichkeiten:

● Anlegen über die Schulter. Der Taucher öffnet die Schultergurte leicht; die übrigen Gurte werden geordnet. Sind am linken Arm Instrumente befestigt, dann ergreift er am besten mit der linken Hand den linken Schultergurt des PTG. Das Gerät wird an den Rücken gehoben, der linke Arm wird hindurchgesteckt. Die rechte Hand sucht den rechten Schultergurt und schlüpft ebenfalls hindurch. Jetzt werden die Schultergurte angezogen, die Bauchgurte ergriffen und geschlossen. Dabei ist auf die Erreichbarkeit der Reserveschaltung und freie Lage des Lungenautomaten und Finimeters zu achten.

Verwendet man einen Zweischlauchautomaten am Gerät, dann nimmt man das Mundstück während des Hochhebens des PTG mit der freien Hand und führt die Schläuche über den Kopf. Bei der Schultermethode besteht allerdings die Gefahr des Hängenbleibens mit Arminstrumenten und des Verdrehens der Schultergurte durch das seitliche Herüberziehen. Oft folgt auch ein lästiges Suchen nach dem zweiten Schultergurt.

● Anlegen über Kopf. Diese Methode erfordert zwar etwas mehr Übung und Kraft, ist aber die elegantere. Die Nachteile der ‹Schultermethode› fallen weitgehend fort.

Das Gerät steht dabei am Boden. Der Taucher stellt sich hinter das Preßlufttauchgerät, beugt sich herab und faßt mit beiden Händen gleichzeitig durch die Schultergurte hindurch. Die Flasche bzw. deren Trage wird fest gepackt und hochgehoben, geschwenkt und über den Kopf geführt. Jetzt fallen die Schultergurte bereits in die annähernd richtige Position. Nun läßt man das Gerät herunterrutschen und schlüpft gleichzeitig mit beiden Armen durch die Gurte hindurch. Der Rest erfolgt wie bei der ‹Schultermethode›.

Sitzt dem Taucher der Lungenautomat während des Tauchens im Genick, dann wird dies außerordentlich lästig sein. Man kann den Kopf nicht anheben bzw. stößt sich am Automaten. Möglicherweise sitzen die Schellen der Trage an den Flaschen zu tief, dann sind diese dadurch zu hoch positioniert. Falsch eingestellte oder zu lockere Gurte können auch der Grund für mangelnde Kopffreiheit sein.

Erste Tauchversuche im Schwimmbad

Aufgabe des Tauchlehrers ist es, die unterschiedlichen Voraussetzungen seiner Schüler angemessen zu berücksichtigen. So können einige bereits beim ersten Versuch wie selbstverständlich das Mundstück zwischen die Zähne nehmen und abtauchen. Andere wieder benötigen eine Eingewöhnungsphase, bis sie gelernt haben, daß man unter Wasser fast genauso leicht atmen kann wie über Wasser.

Im letzteren Fall sollte man keinen Zwang ausüben. Ratsam ist es, den Schüler so lange unter gleichzeitiger Atmung an der Oberfläche schwimmen zu lassen, bis er selbst Mut zum Untertauchen faßt. Beginnen sollte der erste Versuch in der Nichtschwimmerzone des Beckens, wo jederzeit die Möglichkeit gegeben ist, sich hinzustellen.

Dem Tauchschüler sollte man immer wieder folgende Empfehlungen geben:

1. Nimm dir Zeit für den Druckausgleich im Mittelohr. Achte auf den sich ankündigenden mangelnden Druckausgleich in der Maske.
2. Halte nach der Atmung aus einem Tauchgerät beim Auftauchen niemals die Luft an. Atme vielmehr normal weiter. Wird das Gerät beim Auftauchen nicht benutzt (etwa weil es abgelegt wurde), dann atme die sich in der Lunge ausdehnende Luft langsam ab.
3. Benutze dein Lungenvolumen zur Steuerung des Auftriebs. Atme aus und halte kurz die Luft an, wenn du sinken willst. Atme ein und halte kurz die Luft an, wenn du steigen willst.
4. Versuche, dich möglichst schnell an eine ruhige, gleichmäßige Atmung zu gewöhnen.

Einige Trainingsbeispiele sind Partnerübungen. Aber auch die anderen hier vorgestellten Abläufe sollten so durchgeführt werden, daß als Nebeneffekt die wichtige Einsicht zum ‹Tauche nie allein› geweckt wird.

Die Unterwasser-Zeichensprache ist vor Beginn der Geräteausbildung zu vermitteln. Ihre Anwendung während der Ausbildung erleichtert diese, gleichzeitig gewöhnt man sich an die Art der Verständigung.

Übungsbeispiele im Schwimmbad

1. Übung: Horizontales Tauchen
Ziel: Gewöhnung an die Bewegung mit dem Gerät, Gefühl entwickeln
für die ‹richtige› Geschwindigkeit
Den Tauchschülern wird die Aufgabe erteilt, eine Strecke von 50 m zu
tauchen. Unter entsprechender Anweisung sollen sie folgende Lernziele erreichen:
a) Relativ langsames Tauchen mit dennoch effektivem Beinschlag aus
der Hüfte heraus stellt für den Normalfall die rationellste Fortbewegung dar. So werden Stress und Lufthunger vermieden; man hat Zeit
zur Beobachtung der Umwelt und der Tauchpartner und taucht länger
mit einer Flaschenfüllung.
b) Die richtige Austarierung auch im flachen Wasser erleichtert das
Tauchen. Zwar ergibt die Fortbewegung in der Horizontalen eine
gewisse Stabilität bei der Einhaltung einer bestimmten Tiefe; dennoch
kann es unangenehm sein und höheren Luftverbrauch bedeuten, wenn
man zu schwer oder zu leicht ist.

Soll eine bestimmte Tiefe beim Tauchen in der Horizontalen gehalten werden, dann gibt die Lage des Tauchers im Wasser Aufschluß über seine Tarierung. Eine Schräglage mit ‹Kopf tief – Flossen hoch› weist auf einen zu starken Auftrieb hin. Die Lage ‹Kopf oben – Flossen unten› ergibt sich bei zuviel Ballast. In beiden Fällen wird vom Taucher versucht, dem Ungleichgewicht mit entgegensteuernder Flossenarbeit beizukommen.

2. Übung: Veränderungen des Auftriebs mittels der Atmung
Ziel: Erkennen und Ausnutzen dieser Steuerungsmöglichkeit
Dieses Training soll am Anfang der Geräteausbildung stehen, da es Schülern wie Ausbildern die Durchführung der weiteren Übungen erleichtert. Der Tauchschüler nimmt in etwa 3 m Tiefe eine senkrechte Position ein.
Atmet man tief aus, dann ergibt sich eine deutliche Volumenverringerung bei gleichbleibendem Gewicht. Die Folge ist ein negativer Auftrieb bzw. schnelles Absinken.
Tiefe Einatmung dagegen bewirkt eine entsprechende Volumenvergrößerung. Die Folge wird ein positiver Auftrieb bzw. deutliches Hochtreiben des Tauchens sein.
Natürlich muß kurz nach Beginn des Aufsteigens wieder allmählich abgeatmet werden, um einer möglichen Lungenüberdehnung entgegenzuwirken.

3. Übung: Tauchen in Rückenlage
Ziel: auch in ungewohnter Lage richtungsstabil tauchen können
Horizontal taucht man zunächst in normaler Haltung, um dann durch
Drehung um die Körperlängsachse in die Rückenlage zu wechseln. Der
Kopf wird sofort weit nach hinten gelegt, um in Schwimmrichtung
schauen zu können. Nun werden Kursänderungen wie ‹links›, ‹rechts›,
‹oben› und ‹unten› vorgenommen.

4. Übung: Gerätemundstück herausnehmen und wieder einsetzen
Ziel: Vorbereitung auf die Partnerübung ‹Wechselatmung›
Man atmet noch einmal ein, nimmt das Gerätemundstück heraus und
hält eine Weile die Luft an. Dann setzt man das Mundstück wieder ein
und atmet aus. Mit der Ausatemluft wird das im Mundstück befindliche
Wasser herausgedrückt. Man atmet problemlos weiter.
Ob man für diese Übung einen Ein- oder einen Zweischlauch-Lungenautomaten verwendet, ist im Prinzip gleich.
Beim Einschlauchautomaten kann man unmittelbar vor dem Wiedereinsetzen die Luftdusche betätigen und damit bereits das eingedrungene Wasser aus dem Mundstück entfernen.
Beim Zweischlauch-Lungenautomaten erzielt man den gleichen Effekt, wenn man sich etwas zurücklegt. Dann liegt der eigentliche Automat tiefer als das Mundstück, und die Luft strömt ab.

5. Übung: Wechselatmung zwischen zwei Tauchern
Ziel: Training für den Notfall
Fällt bei einem Tauchgang das PTG eines Teilnehmers aus, dann kommt dem reibungslosen Ablauf der Wechselatmung zwischen den Tauchern entscheidende Bedeutung zu.
a) Wechselatmung mit dem Einschlauchautomaten
Die Taucher packen Arm oder Gerätegurt des Partners. Mit der jeweils freien Hand wird das Mundstück abgegeben bzw. angenommen, und zwar so, daß sich dieses gleich in der richtigen Position befindet (gilt für Automaten mit Blasenabweiser). Nach zwei bis drei Atemzügen erfolgt jeweils ein Wechsel. Richtig funktioniert die Wechselatmung, wenn bei keinem der Beteiligten Unsicherheit, Verschlucken oder Atemnot auftritt. Der Vorteil dieses Automaten bei der Übung ist, daß die Taucher sich nicht in senkrechter Position und auf gleicher Höhe befinden müssen. Der Schlauch ist ferner so lang, daß ein bequemer Wechsel möglich ist.
b) Die Wechselatmung mit dem Zweischlauchautomaten (siehe Fotos Seite 124)
Im Prinzip läuft der Vorgang ähnlich ab; jedoch zeigen sich schnell die Nachteile dieses Automaten. Die Atmung wird nur brauchbar funktionieren, wenn die Taucher sich in senkrechter Position und auf gleicher Höhe halten. Ist das nicht der Fall, dann wird einer der Partner aufgrund der Druckdifferenz zwischen Lunge und Automat mit Luft vollgepumpt, oder aber er muß sich die Atemluft mühsam aus dem Mundstück heraussaugen. Zusätzlich erschweren die kurzen, geschlossenen Atemschläuche den Wechsel.
c) Horizontales Tauchen in Verbindung mit der Wechselatmung (siehe Fotos Seite 125)
Dieses Training ist eine Steigerung der vorgenannten Übung. Die Wechselatmung während des horizontalen Tauchens ist schwieriger als zum Beispiel der Wechsel während des Hochtauchens, da die Taucher gleichzeitig schwimmen und die Wechselatmung durchführen müssen.

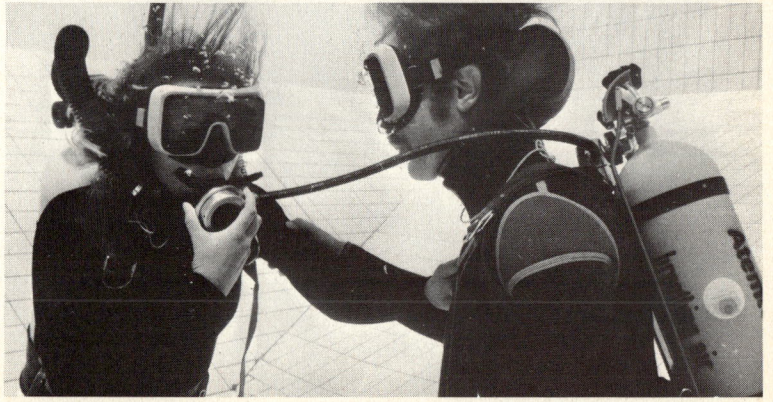

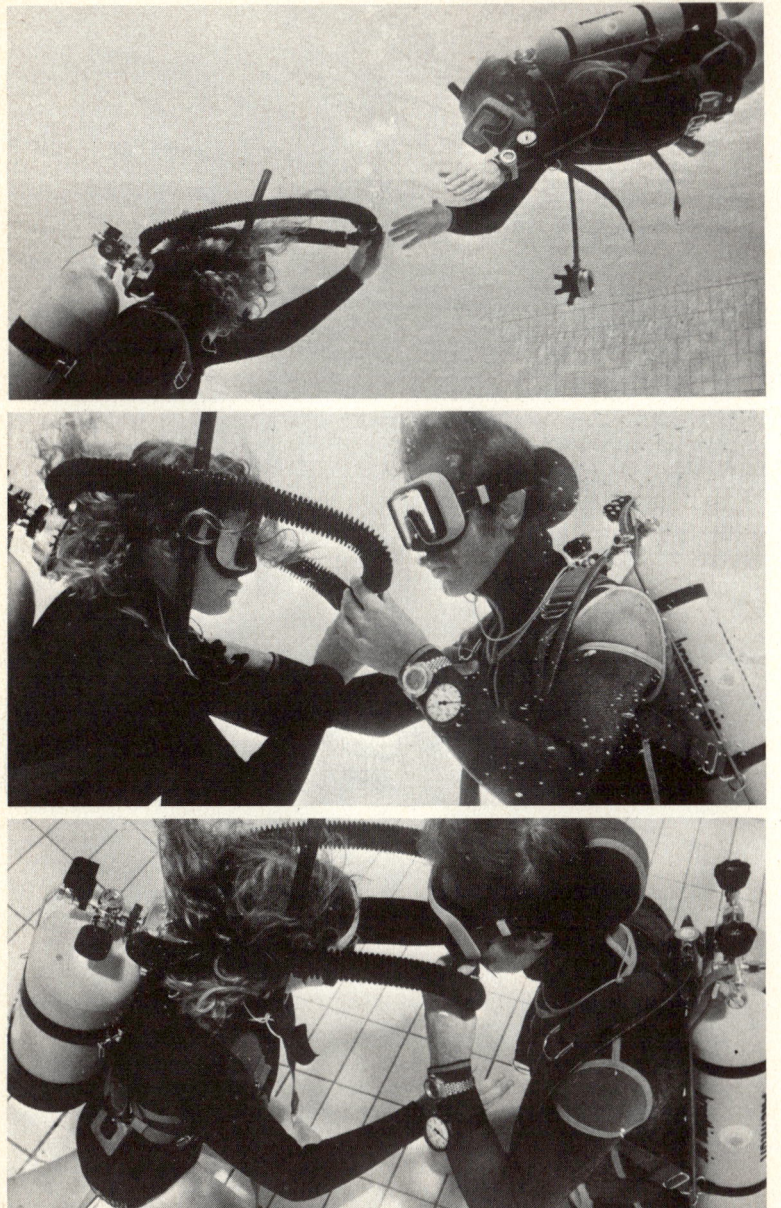

6. Übung: Atmung mehrerer Taucher aus einem PTG
Ziel: Simulation extremer Situationen, Anwendung einer interessanten Partnerübung
Ein PTG liegt in circa 3 m Tiefe. Drei bis vier Teilnehmer tauchen
nacheinander zum Gerät ab. Dort wird das Automatenmundstück von
Taucher zu Taucher weitergegeben. Jeder macht maximal zwei Atemzüge und muß danach etwa 30 Sek. lang die Luft anhalten, bis er wieder
an der Reihe ist.

7. Übung: Maskenwechsel während des Tauchens
Ziel: in jeder Situation fähig sein, Wasser aus der Maske zu entfernen
Der Ablauf unter Benutzung eines Tauchgeräts ist natürlich einfacher
als beim Tauchen mit ABC-Ausrüstung, da genügend Luft für mehrere
Versuche zur Verfügung steht.
Die Übung kann interessanter und schwieriger gestaltet werden: Zwei
Taucher nehmen während des Schwimmens ihre Masken ab, tauschen
sie aus, legen das jeweils fremde, ungewohnte Ausrüstungstück an und
blasen das Wasser heraus.

8. Übung: Aufstieg ohne Atmung aus dem Gerät
Ziel: Training der physikalischen Notwendigkeit, nach Atmung aus
einem PTG beim Aufstieg dann Luft abzuatmen, wenn das Gerät
dabei nicht benutzt wird
Man beginnt mit dieser Übung in 3 bis 4 m Tiefe. Der Schüler atmet
noch einmal ein, nimmt das Mundstück heraus und taucht langsam auf.
Während des Hochtauchens wird aus dem leicht geöffneten Mund die
durch den nachlassenden Druck freiwerdende Luft abgegeben.
Wieviel Luft abzuatmen ist, kann der Anfänger nicht einfach ‹erfühlen›.
Es gilt daher der Grundsatz, lieber etwas mehr als zuwenig auszuatmen.
Bei zu geringer Abatmung bemerkt man den entstehenden Überdruck
in der Lunge deutlich.
Von allein strömt übrigens die Luft dann ab, wenn man bei leicht
geöffnetem Mund die anschließenden Atemwege offen hält, also die
Luftröhre nicht durch die Zunge bzw. Schluckbewegungen blockiert.
Während des Hochtauchens muß ein erfahrener Begleiter dabei sein;
er hat die Ausatmung zu überwachen. Unterbleibt diese, dann muß er
den Tauchschüler durch einen leichten Stoß gegen Magen oder Brust
an den Vorgang erinnern.

9. Übung: Ablegen des Geräts unter Wasser
Ziel: in bestimmten Situationen fähig sein, sich schnell vom Gerät zu
trennen
Bei einer konsequenten Einhaltung des ‹Tauche nie allein› werden die
meisten Taucher sicher nie in die Verlegenheit kommen, im Ernstfall

das PTG unter Wasser abwerfen zu müssen. Die Befreiung durch den Partner, die Wechselatmung beim Ausfall des Geräts, eventuell sogar der Schnellaufstieg sind meist die besseren Lösungen. Dennoch muß das Ablegen des PTG beherrscht werden.
Hier die einzelnen Phasen der Übung:

Hinknien oder -stellen auf den Grund.

Bei Verwendung eines Anzugs muß der Bleigürtel abgenommen werden. Diesen zunächst über die Knie bzw. Füße legen, um das Hochtreiben zu vermeiden.

Lockern der Schultergurte, Öffnen des Bauchgurts.

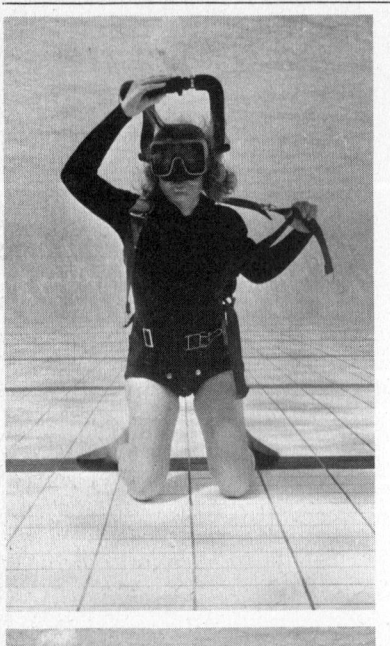

Herausschlüpfen aus den Gurten, Abschwenken des Geräts bzw. sich selbst aus dem PTG herausdrehen (Simulation des festgehakten Geräts). Im Moment des Abschwenkens muß bei Verwendung des Zweischlauchautomaten dessen Mundstück gleichzeitig über den Kopf gehoben werden, damit man vom Gerät freikommt.

Auftauchen unter Beachtung der Abatmung der expandierenden Luft.

Wird die Übung mit einem PTG mit Zweischlauchautomaten durchgeführt, dann sollte vor dem Auftauchen das Flaschenventil geschlossen oder das Mundstück unter das Gerät gelegt werden. So verhindert man das Abströmen größerer Luftmengen.

10. Übung: Anlegen des Geräts im und unter Wasser
Ziel: bei ungünstigen Bedingungen das PTG im Wasser anlegen
    können
Das Anlegen des Tauchgeräts an der Wasseroberfläche ist eine oft
anwendbare Fertigkeit. Beim Tauchen vom Boot aus lassen relativ
starker Seegang oder ein sehr kleines Boot das Anlegen an Bord häufig
umständlich oder gefährlich werden. Dann zieht man lediglich Anzug
und ABC-Ausrüstung an, springt in das Wasser und läßt sich das PTG
nachreichen. – Das Anlegen des Tauchgeräts wird aufgrund der aufge-
hobenen Schwerkraft zu einer leichten Übung.
Die Beherrschung des Anlegens unter Wasser ist, im Gegensatz zum
Ablegen, keine sicherheitsbedingte Notwendigkeit. Dennoch gehört
dieses Training zu den Standardübungen, die gut geeignet sind, um
Koordinationsfähigkeit, Taktik und Geschicklichkeit zu fördern.

Die verschiedenen Phasen des Anlegens des Preßlufttauchgeräts unter
Wasser sind:

Der Taucher stellt an der Wasseroberfläche schwimmend die Lage
des Geräts fest. Er überlegt, von
welcher Seite am besten herange-
taucht werden kann. Dann holt er
Luft und taucht ab.

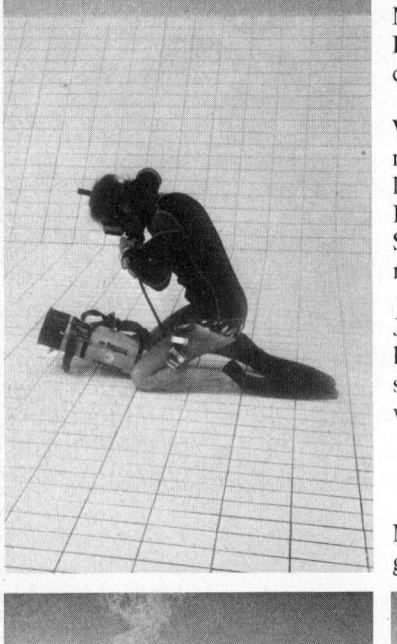

Am Gerät muß er sofort das Mundstück einführen und die Luftversorgung prüfen bzw. sicherstellen.

Wird mit Anzug getaucht, dann nimmt er den Bleigürtel auf und legt ihn über die angewinkelten Beine. Hat das PTG keinen Schrittgurt, kann der Gürtel gleich richtig angelegt werden.

Jetzt stellt man das Gerät vor sich hin, ordnet die Gurte und verschafft sich die Übersicht für den weiteren Ablauf.

Nun erfolgt das eigentliche Anlegen.

Geschieht dies über Kopf mit einem Zweischlauchautomaten, dann braucht das Mundstück dabei nicht aus dem Mund genommen zu werden.

Beim Anlegen über die Schulter dagegen muß das Mundstück kurz herausgenommen werden, um es über den Kopf zu heben. Bei der Übung mit einem Einschlauchautomaten kann das Mundstück bei beiden Methoden im Mund verbleiben.

Hat der Taucher das Gerät angelegt, erfolgt die Prüfung der Position von Gerät und Gurten. Ist die Lage richtig, dann zieht er die Schultergurte an und schließt den Bauchgurt. Eventuell muß auch der Schrittgurt geschlossen und der Bleigurt angelegt werden.

11. Übung: Tauchen ohne oder mit verdunkelter Maske
Ziel: Verlust oder Beschädigung der Maske simulieren, um ohne Panik
     auftauchen zu können; Orientierungsfähigkeit steigern
Diese Übung darf in keinem Ausbildungsprogramm fehlen, da je-
der Taucher einmal seine Maske verlieren kann. Dabei sind kleinere
Strecken tauchend zurückzulegen wie auch das Auftauchen ohne
Maske zu trainieren. Die Taucher lernen dabei, daß man auch so
normal weiteratmen und mit etwas Übung unter Wasser vieles erken-
nen kann.
Um unter Wasser ohne Maske sehen zu können, bedient man sich einer
wirksamen Hilfe: Durch das Zukneifen der Augen bis auf einen schma-
len Spalt wird die Sehschärfe erheblich besser.
Beim Tauchen mit verdunkelter Maske wird ‹totale Nacht› simuliert.
Man ist nicht mehr in der Lage, eine bestimmte Richtung einzuhalten;
lediglich ‹oben› und ‹unten› sind erfühlbar. Da auf die Taucher unter

Wasser nur eine äußere Schwerelosigkeit wirkt, bleibt die Funktion des Gleichgewichtsorgans erhalten. Bei dieser Übung kommt es sehr auf den Tastsinn an; zum Beispiel kann man in der Schwimmhalle durch das Abfühlen der Kachelfugen eine exakte Linie abtauchen.

Das Ablegen des PTG ohne bzw. mit verdunkelter Maske ist eine interessante Übungsvariante.

12. Übung: Sprung ins Wasser mit dem PTG

Ziel: auf unkomplizierte Weise schnell in das Wasser kommen

Für den Sprung mit Gerät gelten folgende Hinweise: Es darf nur gesprungen werden, wenn genau erkennbar ist, daß sich keine Hindernisse an der Einsprungstelle befinden.

Erst recht mit PTG ist der Fußsprung der sicherste Sprung. Dennoch wird man aufgrund der schweren Ausrüstung sehr oft auch die Rolle rückwärts anwenden (siehe Fotos).

Vor dem Sprung ist zu prüfen, ob
das Gerät gut am Körper liegt und
die Gurte angezogen sind. Sitzt das
Gerät zu locker, dann besteht die
Gefahr, daß beim Aufprall auf das
Wasser das Flaschenventil oder
der Lungenautomat gegen den
Kopf des Tauchers stoßen.

Vor dem Absprung ist das Mundstück einzuführen, so daß der Taucher bereits aus dem Gerät atmet.
Während des Sprungs sind die
Beine fest zu schließen und die
Tauchmaske mit einer Hand festzuhalten. Unmittelbar vor dem
Eintauchen muß der Taucher bei
einem Fußsprung seinen Kopf etwas anheben. Kommt man so ins
Wasser, daß die Maskenscheibe
parallel zur Wasseroberfläche
zeigt, dann besteht die Gefahr von
Verletzungen. – Die Sprünge lassen sich bei vielen Gelegenheiten
durchführen: in der Schwimmhalle, vom Steg, von einer Brücke und
aus einem Boot.

Die Übung ist für den Anfänger besonders wichtig, dessen
‹Schwellenangst› oft von der
Vorstellung beeinflußt wird, das
schwere PTG würde ihn in die Tiefe ziehen. Bereits der erste Versuch zeigt aber die Wirksamkeit
des Archimedischen Prinzips: Der
Taucher sinkt nicht tiefer ein
als ein Schwimmer nach einem
Sprung aus gleicher Höhe.

13. Übung: Schnorcheln mit Gerät
Ziel: die Fähigkeit entwickeln, größere Strecken mit dem PTG an der
    Oberfläche schwimmend zurückzulegen
Diese Übung ist von Anfang an in das Gerätetauchtraining einzubauen.
Beginnend mit 50 m, sind die zurückzulegenden Strecken ständig zu
vergrößern. Am Ende der Ausbildung sollte man einem Taucher 500 m
Schnorcheln ohne Unterbrechung zumuten können.
Üblich ist das Schwimmen in *Brustlage*, die dem Taucher gleichzeitig
die UW-Beobachtung ermöglicht und ihn Hindernisse rechtzeitig erkennen läßt. Die Brustlage ist jedoch über längere Strecken nur mit
Hilfe des Schnorchels möglich. Der Grund liegt darin, daß das etwas
aus dem Wasser ragende Preßlufttauchgerät den Taucher relativ weit
einsinken läßt und er zum Luftholen den Kopf mühsam über Wasser
heben müßte.
Entscheidend für die Bewältigung größerer Strecken ist auch hier ein
effektiver Flossenschlag aus der Hüfte heraus, verbunden mit einer
rationellen Kräfteeinteilung.
Sehr oft wird in *Rückenlage* geschwommen. Die Vorteile dieser Lage
sind: Das Gerät ist völlig unter Wasser. Man fühlt sich entsprechend
leicht, kann den Schnorchel herausnehmen, sich mit dem Partner un-
terhalten und bei ruhigem Wasser die Maske herunternehmen, um frei
atmen zu können.
Nach einem unerwarteten Verlust des Schnorchels ist die Rückenlage
eine gute Möglichkeit, größere Strecken mit dem PTG an der Oberfläche schwimmend zurückzulegen.

14. Übung: Bergen und Abschleppen eines Gerätetauchers
Ziel: im Notfall seinem Tauchpartner helfen zu können
Ein relativ harmloser Zwischenfall wie Schwäche oder Ohnmacht eines
Tauchers kann im freien Wasser zur Katastrophe werden, wenn der
begleitende Partner nicht fähig ist, den Verunglückten sehr schnell
nach oben zu bringen und/oder ihn wenigstens 100 m weit zum Boot
oder Strand zu schleppen. Die Übung, die zugleich ein gutes Kondi-
tionstraining darstellt, wird etwa folgendermaßen abgewickelt:
Der ‹Verunglückte› liegt, mit dem PTG ausgerüstet, in 3 bis 5 m Tiefe
auf dem Grund. Der Partner, der nur mit ABC und eventuell Tauchanzug ausgerüstet ist, taucht ab, faßt den am Grund liegenden und bringt
ihn ohne Verzögerung an die Oberfläche. Während des Aufstiegs muß
der Bergende die Ausatmung des Verunfallten kontrollieren. Atmet
der ‹Simulant› nicht aus, dann muß durch Stöße gegen Magen oder
Brust daran erinnert werden.
An der Wasseroberfläche wird der ‹Leblose› sogleich in die Rückenlage
gebracht. Den Kopf faßt nun der Helfer so, daß seine Hände im Bereich

Hals/Wange und die Finger unter
dem Kinn liegen. Während dieses
Vorgangs befindet sich der Retter
ebenfalls in Rückenlage unter
bzw. hinter dem zu Schleppenden.
Der Kopf des Geborgenen soll
beim Schleppvorgang so ausge-
richtet und gehalten werden, daß
kein Wasser in den Mund dringt.
Beim Schleppen erweisen sich die
Flossen als wirksame Hilfe. Behindert wird man dagegen durch das
PTG des ‹Verunglückten›.
Abgewandelt und erweitert werden kann diese Übung durch folgende zusätzliche Maßnahmen:

- Der zu Bergende trägt einen
  Bleigürtel. Dieser muß vom
  Helfer vor dem Hochbringen
  abgenommen werden.

- Das PTG wird vor dem Beginn
  des Schleppens abgenommen.
  Dazu sollte ein zweiter Helfer
  einspringen; denn der Kopf des
  ‹Bewußtlosen› soll nicht unnötig
  unter Wasser geraten.

- Der Verunglückte wird nun an
  Land oder in ein Boot transpor-
  tiert. In Verbindung mit der
  Demonstration der Mund-zu-
  Mund-Beatmung erhält diese
  Übung einen sinnvollen Ab-
  schluß.

Tauchen im freien Wasser

Zur Psychologie und Taktik

Wer mit dem Tauchen in Meer oder See beginnt oder Anfänger dort ausbildet, sollte grundsätzlich bedenken:

1. Es ist notwendig, daß über einen längeren Zeitraum gesehen ein vernünftiges Verhältnis zwischen Üben und Erleben gefunden wird. Sich immer wiederholende Übungstauchgänge verderben den Spaß. Training allein ist keine Motivation für das Hobby ‹Sporttauchen›. Wird jedoch ohne Vorbereitung getaucht, dann ist dies ebensowenig vertretbar wie das ausschließliche Üben. Daher gilt es, das erforderliche Tauchtraining mit dem Erlebnis von Tauchgängen zu verbinden.

2. Ein Taucher muß seiner Ausrüstung gewachsen sein, ihr Umfang sollte der Erfahrung und Kondition angepaßt werden. So wäre zum Beispiel ein Tauchschüler, ausgerüstet mit extrem dicken Neoprenanzug, entsprechendem Bleigürtel und 20-l-Doppelflaschengerät, glatt überfordert.

Eine Überforderung bei den ersten Tauchgängen kann auch die Tarierweste sein. Sie ist nicht nur ein zusätzliches Ausrüstungsstück, sondern ihre Handhabung verlangt auch eine genaue Einweisung und viel Training. Wenigstens die ersten zehn Tauchgänge sollten ohne Weste unternommen werden. So erfährt der Anfänger am ehesten die Auswirkungen der Volumen- bzw. Gewichtsveränderungen unter Wasser und erkennt die Notwendigkeit rechtzeitiger Überlegungen für Gegenmaßnahmen.

3. Die Art des Tauchgewässers ist von erheblicher Bedeutung. Es ist ein gravierender Unterschied, ob man im warmen, glasklaren Mittelmeer eine Tiefe von 20 m erreicht oder aber dies in einem kalten, relativ undurchsichtigen und daher dunklen See vollbringt. Schlechte Sichtverhältnisse unter Wasser können die gewohnte Sicherheit des Tauchens negativ beeinflussen.

Dieser Tatsache gilt es Rechnung zu tragen, wenn Taucher, die ausschließlich im klaren Meer gelernt haben, ihre ersten Abstiege in Binnengewässern unternehmen.

Der erste Tauchgang

Der Verlauf des ersten Tauchgangs ist für viele Tauchschüler prägend für ihre weitere Einstellung zu diesem Sport. Ob es zu einem Erfolgs- oder aber zu einem Panikerlebnis kommt, ist eben beim ersten Tauchgang schwerwiegender, als wenn dies zum Beispiel beim zehnten Tauchgang geschieht.

Es gibt einige Faktoren, die sich positiv auf den Verlauf auswirken. So

ist die richtige Wahl des Tauchplatzes wichtig. Gestartet werden sollte vom Ufer aus in das flache Wasser, nicht vom Boot aus in das tiefe Wasser. Die Sicht unter Wasser sollte wenigstens 3 m betragen. Ideale Verhältnisse herrschen, wenn das Wasser ruhig und ohne Strömung ist. Vorteilhaft ist es auch, wenn Tauchschüler und -lehrer sich bereits kennen, etwa durch die Ausbildung im Schwimmbad. Die gegenseitige Einschätzung und das Vertrauen des Schülers in die Fähigkeiten des Ausbilders können zu einem guten Ablauf des ersten Tauchgangs beitragen.

Abstieg in die Dunkelheit
Bedingt durch die geringere Durchsichtigkeit unserer Binnengewässer und auch der südlichen Ostsee wird das eindringende Tageslicht stark zurückgehalten. Hier können sich Situationen ergeben, in denen man bereits in 10 oder 20 m Tiefe sozusagen ‹ins Schwarze hineintauchen› muß. Dies gilt um so mehr, als sich die Augen während des Abstiegs nur langsam an die Dunkelheit gewöhnen.
Beim Tauchschüler ruft diese Finsternis mit einiger Sicherheit eine starke Beklemmung, oft sogar Angst hervor. Diese verständliche psychologische Sperre muß der erfahrene Begleiter durch eine allmähliche

Heranführung an größere Tauchtiefen und durch langsames Abtauchen überwinden helfen.
Ein gutes Hilfsmittel dabei ist eine Leine (zum Beispiel Ankerleine),
die von der Oberfläche zum Grund führt. Diese Leine ist für den
Taucher gleichzeitig Stützpunkt und Wegweiser zur Oberfläche. Eine
starke Unterwasser-Handlampe hilft zudem, dem Anfänger psychische
Sicherheit zu geben.

Panik im Wasser

Unsicherheit im Wasser ist für den Taucher gefährlich. Sie kann Angst erzeugen; Angst kann sich zur Panik steigern. Es gibt bestimmte Situationen unter bzw. im Wasser, die bei Tauchern, denen es noch an Gelassenheit und Routine fehlt, Panik auslösen können.

Solche Situationen sind:

1. Der Taucher hat das Gefühl, nicht genügend Luft zu bekommen. Es tritt auf bei der Verwendung von Lungenautomaten mit ungenügender Luftlieferleistung, bei anstrengender körperlicher Tätigkeit unter Wasser oder einfach bei Unsicherheit.
2. Der Tauchpartner ist plötzlich verschwunden.
3. Beim Aufstieg aus größerer Tiefe ist trotz kräftiger Flossenarbeit kein Vorwärtskommen spürbar. Dieser Zustand tritt ein, wenn man überbleit ist, eventuell auch dann, wenn wegen eines nicht vorhandenen Tiefenmessers die Kontrollmöglichkeit über die zurückgelegte Strecke fehlt.
4. Das Zusammentreffen mehrerer Faktoren wie Angst, Luftmangel, Dunkelheit.

5. Schnorcheln mit Gerät, jedenfalls bei starkem Wellengang, bei Strömung oder wenn man zu schwer ist.
Panik unter Wasser tritt dennoch selten auf. Viel häufiger ist sie an der
Wasseroberfläche, nämlich beim Schnorcheln mit Gerät. Ursache ist
der Gegensatz zwischen der Unterwassersituation und der Situation an
der Wasseroberfläche.

● Unter Wasser: Unbehindert und gleichmäßig dem PTG die Atemluft
entnehmend, schwebt der Taucher schwerelos durch das Wasser. Er
spürt dieses Element kaum. Die begrenzte Durchsichtigkeit läßt den
Taucher höchstens 40 m weit schauen. So konzentriert er sich auf
sein Umfeld und wird nicht durch weit Entferntes beunruhigt.

● An der Oberfläche: Hier herrschen andere Bedingungen. Urplötz-
lich ist das Element ‹Wasser› greifbar. Unmittelbar vor dem Taucher
türmen sich Wellen auf. Seegang wirft ihn hin und her, Wasser
schlägt ins Gesicht, und der Schnorchel läuft voll. Zwischen den
Wogen gewinnt der Blick Raum: Der Taucher registriert das möglicherweise weit entfernte Ufer oder Boot. So kann Angst entstehen.

Gewöhnung, Training und Kondition sind auch hier die richtigen Gegenmaßnahmen. Sicherheit verleiht vor allem die Benutzung der Tarierweste; ihr großer Auftrieb ist gerade an der Wasseroberfläche von
Vorteil.

Kaltblütigkeit unter Wasser
Wer bei einem plötzlichen Ereignis, in einer kritischen Situation, nicht
mit Kopflosigkeit reagiert, sondern sein Verhalten weitgehend mit dem
Verstand steuert, der handelt kaltblütig. Kaltblütigkeit unter Wasser ist
eine Eigenschaft, die nicht jeder Taucher besitzt. Kaltblütigkeit ist
weitgehend trainierbar. Der Taucher sollte folgende Voraussetzungen
erfüllen:

● Training und Routine beim Tauchen im Meer erlangen;
● Vertrauen entwickeln in die eigenen Fähigkeiten;
● die eigenen Grenzen kennen und nicht überschreiten;
● sicher sein, daß die Ausrüstung intakt ist;
● mit Partnern tauchen, auf die man sich verlassen kann;
● jede Hektik vor dem und während des Tauchens vermeiden.

Gelassenheit unter Wasser ist ohne Kaltblütigkeit kaum denkbar. Und
Gelassenheit wiederum ist Grundlage für erfolgreiche UW-Aktivitäten
wie das Filmen und Fotografieren.

Mut zum Aufgeben
Ein guter Sporttaucher sollte neben den Voraussetzungen, die bisher
genannt wurden, auch den Mut aufbringen können, einen Tauchgang
gar nicht erst zu beginnen, wenn er sich unwohl fühlt oder wenn die

örtlichen Gegebenheiten ganz offensichtlich dagegen sprechen. Dies können unzureichende Sicht, zu starke Strömung oder hochgehende See sein. Noch wichtiger ist der rechtzeitige Entschluß zum Abbruch eines Tauchgangs oder einer Übung. Diese Entscheidung ist immer dann notwendig, wenn Unwohlsein, starke Unsicherheit und/oder das Gefühl des Luftmangels zu deutlichen Warnzeichen werden.

Nur Taucher mit wenig Verantwortungsgefühl werden die Aufgabe oder den Abbruch eines Tauchgangs durch einen Partner negativ auslegen.

Zur Sicherheit und Organisation

Vorbereitung von Tauchgängen

Die Größe einer Gruppe, der Ausbildungsstand ihrer Mitglieder, die Bedingungen des Tauchgewässers und das geplante Vorhaben selbst sind Faktoren, die Einfluß auf die Vorbereitung und Durchführung eines Tauchgangs haben.

Bei der Einteilung der Gruppe ist zu bedenken, daß die relativ geringe Durchsichtigkeit unserer Seen und Meere nur Gruppengrößen von drei, maximal vier Teilnehmern zuläßt. Sind es mehr als vier Taucher, dann wird ein Zusammenhalt unter Wasser schwierig.

Die Einteilung einer Vierergruppe könnte so sein: ein Tauchausbilder, zwei Tauchschüler und ein weiterer erfahrener Taucher. Der Ausbilder und der erfahrene Taucher nehmen unter Wasser die beiden Neulinge in die Mitte, um sie ständig beobachten zu können. Vor dem Tauchgang erfolgt in der Gruppe die Absprache, das ‹Briefing›. Dabei werden Tauchdauer, maximale Tiefe, Aktivitäten wie Filmen bestimmter Szenen und die Absolvierung von Übungen festgelegt. Zur Sprache kommen sollte die Formation der Gruppe wie auch das Verhalten in bestimmten Situationen, etwa bei Strömung, überraschender Trübung oder Dunkelheit im Wasser und beim Verlieren eines Partners.

Ist die Absprache getroffen, folgt für jeden Taucher das Checken der Ausrüstung. Jeder Taucher ist für seine Ausrüstung verantwortlich. Insbesondere die rechtzeitige Prüfung der Füllung und Funktion des PTG ist notwendig. Handelt es sich um Ausbildungstauchgänge, dann ist der Gruppenleiter gut beraten, die Ausrüstung der Teilnehmer noch einmal zu checken, bevor diese ins Wasser gehen: richtiges Anlegen von Weste, PTG, Blei, Sitz der Gurte und Zugänglichkeit der Schnellverschlüsse. Er prüft die Funktion des PTG, die Schließung der Reserveschaltung und das Vorhandensein der übrigen Ausrüstung.

Sind die Tauchschüler noch ohne Tarierweste, dann sollen in jedem Fall die Ausbilder mit Weste ausgerüstet sein.

Empfehlenswert ist, daß der Tauchlehrer bzw. Gruppenleiter ein PTG
mit zwei Lungenautomaten verwendet. Sollte bei einem Anfänger ein
Gerät ausfallen, dann kann sich dieser an das PTG des Leiters hängen
und ohne Wechselatmungsexperimente ununterbrochen am zweiten
Automaten atmen.

Kontakthalten unter Wasser

Eine gute Gruppe zeichnet sich unter anderem dadurch aus, daß sie sich
während des Tauchens nur selten aus den Augen verliert. Es ist das
vorrangige Gebot einer Ausbildung im freien Wasser, die Partner zur
Kontakthaltung zu erziehen. Dazu gibt es mehrere Möglichkeiten.

Blickkontakt

Konsequenter Blickkontakt befähigt die Taucher, innerhalb einer
Gruppe unter Wasser ununterbrochen zusammenzubleiben. Man über-
trägt ihnen damit Verantwortung und bringt sie dazu, trotz Ausführung
eines bestimmten Tauchvorhabens in einem gewissen Rhythmus
ständig sich wiederholenden visuellen Kontakt mit den Partnern zu
halten.

Handkontakt
Unruhe oder Angst, ausgelöst etwa durch plötzliche Dunkelheit, sind bei einem Tauchschüler nicht ungewöhnlich. Bemerkt der erfahrene Begleiter an seinem Partner Symptome der Angst und Unruhe, dann trägt zur Beruhigung des Tauchschülers oft ein einfaches An-die-Hand-Nehmen bei. Damit wird eine Verbindung zwischen den Tauchern hergestellt. Für den Lehrer ist der Handkontakt ein ‹guter Draht›, der ihn über das Befinden des Schülers kaum im unklaren läßt. Unruhe und eine bevorstehende Panik sind fühlbar, Hinweis- und Achtungsignale ohne Verzögerung austauschbar. Der Partner ist direkt ‹ansprechbar›.

Body-Leine
Diese Leine dient als Verbindung zwischen zwei Tauchern. Vorteilhaft anwendbar ist sie in sehr trüben Gewässern und bei der Ausführung bestimmter Aufgaben. Bei der Suche nach verlorenen Gegenständen oder bei der Durchführung bestimmter UW-Wettkampfdisziplinen kann der Blickkontakt wie auch der Handkontakt ablenkend, zeitraubend und damit nachteilig sein. Die Body-Leine ist dann die alternative Verbindungsmöglichkeit der Taucher.
Die Leine hat eine Stärke von 6 bis 8 mm und eine Länge von 1 bis 2 m. An den Enden befindet sich jeweils eine Handschlaufe. Der Durchmesser der Schlaufen muß so sein, daß einerseits ein versehentliches Verlieren unmöglich, andererseits mit Hilfe der freien Hand ein Abstreifen

bei starker Zugbelastung sehr leicht möglich ist. Daher sind Karabiner-
haken anstelle von Handschlaufen nicht zu empfehlen. Bei starkem
Zug ist nach allen Erfahrungen ein Ausklinken solcher Haken nur
selten möglich. – Eine starke Zugbelastung ist zum Beispiel gegeben,
wenn der Partner seine Tarierweste voll öffnet.

Vorteilhaft sind kleine Auftriebskörper an der Leine. Dadurch behält
sie eine gewisse Form, wenn sie nicht belastet ist. So vermeidet man ein
Verhaken der Leine am Grund und vermindert die Gefahr des Verwik-
kelns in der Leine.

Grundsätzlich aber gilt: Wo eine Leine vorhanden ist, besteht auch die
Gefahr des Verhakens. Dies gilt um so mehr, je weniger die Leine
erkennbar ist. Deshalb ist das Mitführen eines scharfen Werkzeugs zum
Durchschneiden der Leine wichtig.

Verlieren eines Partners unter Wasser
Fehlt innerhalb einer Gruppe plötzlich ein Taucher, dann ist dies noch
kein Grund zur Panik, wenn sich die Beteiligten an die Regeln halten.
Im flachen Wasser tauchen alle sofort auf, formieren sich neu und
tauchen wieder ab. In größerer Tiefe wird nur kurz, maximal etwa 30
Sek. gesucht, indem zum Beispiel die Richtung eingeschlagen wird, aus
der man gekommen ist. Längere Suche wäre, insbesondere für den
‹Einzelgänger›, zu gefährlich.

Teilnehmer einer Zweiergruppe stehen nach dem Verlieren ihres Partners vor der unangenehmen Situation, daß jeder plötzlich allein ist. Das
Verlieren des Partners zieht in den seltensten Fällen einen Unfall nach
sich. Daher gilt auch die Forderung, unter Wasser gar nicht erst lange zu
suchen, sondern aufzutauchen. An der Oberfläche können im Notfall
am ehesten die Luftblasen des noch unter Wasser befindlichen Tauchers entdeckt und Maßnahmen zur Suche getroffen bzw. mit anderen
Tauchern besprochen werden.

Grundleine
Diese Leine führt von der Oberfläche, wo sie an einer Boje oder an
einem Boot befestigt ist, bis zum Grund. Dort ist die Leine mit einem
Gewicht festgelegt. Eine Grundleine ist ein ‹Leitfaden› für Taucher. Ihr
Einsatz bewährt sich bei Tauchabstiegen von Gruppen, weil sie das
Zusammenbleiben erleichtert. Die Leine hilft bei Abstiegen in die
Dunkelheit. Dort bildet sie eine Stütze und wird zur Führungsleine.

Auch wenn die Leine von den Tauchern nicht erfaßt, sondern nur mit
den Augen als Leitlinie verfolgt wird, ist sie doch eine psychologische
Hilfe und bietet die Gewißheit, jederzeit zugreifen und sich im Notfall
emporziehen zu können. Den gleichen Effekt hat eine Ankerleine.
Durch ihren schrägen Verlauf ist sie bei stärkerer Strömung sogar noch
besser geeignet.

Wenn eine Grundleine gesetzt wird, dann sollte kein Stahlseil verwendet werden, sondern ein 6 bis 8 mm starkes Kunstfaserseil, das mit einem scharfen Messer schnell durchtrennt werden kann. – In Verbindung mit dem Verwickeln in Stahlseilen sind schon schwere Tauchunfälle geschehen.

Tarierweste

Die Tarierweste ist ein weiterer Sicherheitsfaktor, der aber auch zum Risikofaktor werden kann. Der *Sicherheit* dient die Weste, wenn der Benutzer mit ihrer Handhabung ständig in Übung bleibt und so laufend die durch die Tarierweste möglichen Vorteile nutzen kann. Zum *Risiko* wird dieses Ausrüstungsstück, wenn der Taucher das erforderliche Westentraining nicht durchführt.

Die Gefährdung durch die Weste ist durch das unkontrollierte ‹Durchschießen› bis an die Wasseroberfläche und dem damit verbundenen Risiko eines Lungenüberdruck- und/oder Deko-Unfalls gegeben. Die Kritiker der Tarierweste führen zusätzlich die Gefahren der Pendelatmung und des Stimmritzenkrampfs beim Atmen aus der Weste an.

Tauchen vom Boot aus

Die besten Tauchplätze lassen sich in der Regel nur mit dem Boot erreichen. Auch nur wenige hundert Meter vor dem Strand stattfindende Tauchgänge lassen sich vom Boot aus sicherer durchführen. In unmittelbarer Nähe des Tauchplatzes einen Stützpunkt zu haben, kann in kritischen Situationen ein großer Vorteil sein. Wird ein kleines Boot, etwa ein Schlauchboot, von mehreren Tauchern benutzt, dann erleichtert ein Minimum an Planung und Ordnung den Ablauf.

Die Tauchanzüge, die Weste und eventuell auch die Tauchgeräte werden bereits an Land angelegt. So vermeidet man ein großes Gedränge im Boot auf See. Die übrigen Ausrüstungsgegenstände wie ABC, Blei, Instrumente, Automat, Messer und Lampe gehören in einen Seesack oder in einen Plastikkorb.

Das Boot braucht einen seiner Größe angemessenen Anker mit einer zugfesten und genügend langen Leine. Für die Länge der Ankerleine gilt folgende Regel: Wassertiefe mal zwei = Mindestlänge für die Ankerleine.

Ist das Boot fest verankert, beginnen die Vorbereitungen für den Abstieg, das Klarmachen der Geräte, das Anlegen der Instrumente und der ABC-Ausrüstung. Die Preßlufttauchgeräte lassen sich leicht und bequem im Wasser anlegen.

Um in das Wasser zu gelangen, kommt vom kleinen Boot nur die Rolle rückwärts in Betracht. Da ein kleines Boot dabei schaukelt, ist ein *Achtung*-Ruf vor dem Fallen ratsam.

Wenn alle Bootsinsassen gleichzeitig tauchen und niemand im Boot zurückbleibt, gilt es, zunächst am Ankerseil abzutauchen und sich von der richtigen Position des Ankers zu überzeugen. Wind oder Strömung können während des Tauchgangs wechseln, wodurch sich die Zugrichtung auf den Anker ändern würde. In nicht wenigen Fällen sahen Taucher nach ihrer Rückkehr an die Oberfläche ihr Boot nur noch als weit entfernten Punkt. Häufig war der Grund eine zu kurze oder gerissene Ankerleine, oder der Wind hatte gedreht und das Boot und damit den Anker von einem Hang weggezogen.

Nach dem Tauchen werden Blei und Gerät im Wasser abgelegt und in das Boot gegeben. Danach wird es jedem gelingen, mit einem Schwung ohne fremde Hilfe ins Boot zu kommen.

Auf einem größeren Boot wird man den Anzug und die übrige Ausrüstung erst unmittelbar ‹vor Ort› anlegen. Auch hier ist ein Seesack oder eine Transporttasche für die Ausrüstung zu empfehlen. In das Wasser gelangt man von einem großen Boot durch einen Fußsprung oder eine Rolle rückwärts.

Ein Taucherboot hat unter anderem folgende Einrichtungen bzw. Ausrüstungen: Echolot, Taucherflagge, Halterungen zur sicheren Lagerung der Preßluftflaschen, eine stabile Leiter, die auch einem schwergewichtigen vollausgerüsteten Taucher das sichere Hochsteigen ermöglicht, ein Dekoseil mit schwerem Gewicht, so daß sich vier bis sechs Taucher gleichzeitig an dieser Leine halten können, eine Strömungsleine von circa 50 m Länge an der Wasseroberfläche, die am Boot vorbeigetriebenen Tauchern das Festhalten ermöglicht, und ein Reservetauchgerät.

Sind mehr als zehn Taucher an Bord, wird es unumgänglich, die einzelnen Gruppenmitglieder namentlich festzuhalten und ihre Rückkehr an Bord zu kontrollieren.

Taucherflagge

Dieses Signal, die Flagge ‹A› des Internationalen Signalbuchs (Seeschiffahrtstraßen-Ordnung), bedeutet:

«Achtung! Wir haben Taucher unten! Halten Sie Abstand!»

Die Taucherflagge wird von allen Taucherbooten gesetzt, und zwar für den Zeitraum, in dem sich Taucher dieses Boots im Wasser befinden.

Taucher, die ohne Bootsbegleitung

ihre Tauchgänge durchführen, sollten eine Flagge auf einer Boje mit entsprechend langer Ankerleine mitführen, wenn auf dem betreffenden Gewässer mit Bootsverkehr zu rechnen ist.

Tauchen in der Strömung
Bei Tauchgängen in Strömungsgewässern gibt es im Prinzip drei Möglichkeiten:
1. Man taucht mit der Strömung, wenn man nicht auf die Rückkehr an den Einstiegpunkt angewiesen ist. Dies kann der Fall sein, wenn man am Ufer ins Wasser steigt, sich von einer parallel verlaufenden Strömung treiben läßt und nach einer gewissen Tauchstrecke wieder zum Strand zurückschwimmt.
2. Ähnliche Voraussetzungen sind gegeben, wenn vom Boot aus mit der Strömung getaucht wird und das Boot mittreibt. Es ist hierzu erforderlich, daß der Bootsführer den Standort der Taucher einwandfrei feststellen kann (Luftblasen, sehr klares Wasser). Sicherer ist, wenn einer der Taucher eine Leine mit Boje mit sich führt. So wird dem Bootsführer der Standort der Taucher annähernd genau mitgeteilt.
Diese Form des Strömungstauchens ist sicher die angenehmste. Die Taucher gleiten ohne eigenes Zutun luftsparend durch die Unterwasserlandschaft.
3. Man taucht zunächst gegen die Strömung, wenn der Einstiegpunkt wieder erreicht werden muß. Dies kann ein verankertes Boot, eine kleine Bucht oder eine Insel sein.
Man taucht deshalb zunächst gegen den Strom, weil
a) die Situation erst einmal getestet werden muß. Oft ist die Strömung nur an der Oberfläche sehr stark und läßt mit zunehmender Tiefe nach. Ist die Strömung am Grund immer noch so kräftig, daß man sich trotz größter Anstrengung nicht von der Stelle bewegt, dann wird es höchste Zeit zum Abbruch des Tauchgangs; eine schnelle Erschöpfung wäre sonst die Folge.
b) nur so eine gute Chance besteht, daß der Taucher bei Unwohlsein oder Geräteausfall an der Oberfläche treibend mit Hilfe der Strömung schnell das Boot erreichen kann.
c) vom logischen Ablauf her die Reihenfolge der Handlungen richtig ist. Am Anfang im Vollbesitz der körperlichen Kräfte wird der schwierigere Teil erledigt. Zum Schluß, wenn die Auskühlung des Körpers zunimmt und die Energie sinkt, erfolgt die angenehm leichte Rückkehr mit dem Strom.
Tauchen in der Strömung erfordert Kondition und Erfahrung. Dies bedeutet nicht, daß man Anfänger davon abhalten soll. Hat ein Tauchschüler etwa zehn Tauchgänge im Freiwasser hinter sich, dann kann man ihn mit dem Kriterium ‹Strömung› vertraut machen.

Die Tarierweste ist auch bei Strömung ein gutes Hilfsinstrument. Am Grund ermöglicht sie dem Taucher, sich so schwer zu machen, daß er sich schräggestellt am Boden abstützen und gegen den Strom stemmen kann. An der Oberfläche trägt sie den Taucher sicher und macht ihn aus großer Entfernung sichtbar.

Tauchen gegen die Strömung bedeutet einen hohen Luftverbrauch infolge großer Anstrengungen. Daher sollten Taucher nur Lungenautomaten mit guter Luftlieferleistung verwenden.

Nachttauchgänge

Nachts zu tauchen, ist für viele Taucher ein besonderes Abenteuer. Der Reiz liegt in der ungewöhnlichen Situation und in der faszinierenden Szenerie. Die Lichtkegel der starken Handlampen durchbrechen die Dunkelheit, erfassen Taucher, Flora und Fauna und werfen gespenstische Schlagschatten. Viele Fische kommen erst nachts heraus. Der Taucher kann sich ihnen aufgrund seiner ‹Unsichtbarkeit› bis auf wenige Zentimeter nähern.

Nachttauchen erfordert spezielle Vorkehrungen. Starke Strömung, schlechte Sicht oder hochgehende Wellen sollten Anlaß genug sein, solch ein Unternehmen gar nicht erst zu starten. Zwei-Mann-, maximal Drei-Mann-Gruppen sind die richtigen Größenordnungen für ein solches Tauchen. Alle Teilnehmer müssen eine gewisse Praxis im Freiwasser aufweisen und mit einer Handlampe ausgerüstet sein. Nicht nur selbst sehen, sondern auch gesehen werden ist die Devise.

Fällt bei einem Taucher die Handlampe aus, dann ist sofortiger Handkontakt mit einem Partner aufzunehmen. So kann ein Tauchgang noch zu Ende geführt werden. Für den Fall des Lampendefekts kann man auch ein sogenanntes ‹Cool-Light› mitführen; das ist ein mit einer chemischen Flüssigkeit gefülltes Kunststoffröhrchen. Es gibt nach einer bestimmten Handhabung stark phosphoreszierendes Licht ab und markiert einen Taucher in entsprechend klarem Wasser auf 10 m Entfernung und mehr.

Wird vom Ufer aus getaucht, sollte die Einstiegstelle immer mit einem Lichtsignal gekennzeichnet werden. Es erleichtert den zurückkommenden Tauchern die Orientierung.

Wird vom Boot aus getaucht, wird das Licht am Boot unumgänglich. Bereits in 50 bis 100 m Entfernung ist das Boot in dunkler Nacht sonst nicht mehr zu erkennen.

Tauchen in Wracks

Wracks üben auf Taucher eine starke Faszination aus. Gesunkene Schiffe sind für Sporttaucher interessant, wenn sie in nicht zu großer Tiefe (maximal 40 m) und in relativ erhaltenem Zustand auf dem

Grund liegen, wenn Aufbauten noch vorhanden sind und man also in das Wrack hineintauchen kann.

Tauchen in Wracks erfordert Umsicht und Aufmerksamkeit. Die Gefahr, daß Zeit und Tiefe vergessen werden, ist verstärkt gegeben. Gerechnet werden muß ferner mit einem Verhaken oder Hängenbleiben in Wrackteilen.

Ob man in das Schiffsinnere hineintauchen kann, muß jeweils ‹vor Ort› entschieden werden. Bei der Entscheidung spielen Wassertiefe, Sicht, Helligkeit und Zugänglichkeit des Wracks und nicht zuletzt die Fähigkeit der Taucher eine Rolle, sich weitgehend ohne Flossenschläge in einem relativ engen Raum zu bewegen. Jeder Flossenschlag wirbelt Ablagerungen auf. Schnell ist das Wasser vernebelt und der Rückweg eventuell nicht mehr erkennbar. Daher müssen sich die Taucher im Wrack langsam bewegen und sich mit den Händen an Wrackteilen vorwärts ziehen bzw. abdrücken.

Eine besondere Gefährdung ist bei Strömung gegeben. Tückisch sind ‹Grundseen›. Dies sind starke Schübe, die über mehrere Sekunden anhalten, abklingen und in entgegengesetzter Richtung zurückkommen.

Ein Beispiel für ein Wrack, an dem Grundseen entstehen, ist das Wrack des Tankers *Ennerdale* im Indischen Ozean bei den Seychellen. An manchen Tagen treten trotz normaler Dünung an der Oberfläche Schübe auf, die auch am Wrack in immerhin 25 m Tiefe deutlich spürbar sind. Die Gefahr besteht, daß man von einer Grundsee gegen Wrackteile gedrückt oder durch offene Luken ‹geschossen› wird (Düseneffekt).

Tauchen unter Eis

Das Tauchen unter einer Eisdecke kann man als einen ‹Extremtauchgang› einordnen. Über den Sinn oder Unsinn solcher Abstiege kann man streiten. Ein zumindest optisches Erlebnis ist auch nur in sehr klaren Gewässern (zum Beispiel Bergseen) gegeben.

Das Außergewöhnliche dieses Tauchens liegt in der hermetischen Abgeschlossenheit der Wasseroberfläche. Die Rückkehr ist nur durch das Einstiegloch möglich. Eine zusätzliche Gefährdung ergibt sich aufgrund der niedrigen Wassertemperatur und der damit verbundenen Vereisungsgefahr des benutzten Lungenautomaten.

Soll ein Eistauchgang gestartet werden, dann sind folgende Punkte zu berücksichtigen:

Ein genügend großes Einstiegloch (mindestens 1,5 mal 1,5 m) mit Säge oder Axt ist zu schaffen. In unmittelbarer Nähe wird ein kleineres Loch angelegt. Die frei werdenden Eisplatten werden nicht zerstört, sondern unter das Eis geschoben.

Nur Taucher mit genügender Erfahrung und Gelassenheit kommen für das Eistauchen in Frage.
Zwei- bis Drei-Mann-Gruppen sind auch hier die beste Zusammensetzung.
Getaucht werden darf nur mit *Leinenverbindung* zum Einstiegloch. Dort ist ein Leinenführer zu postieren. Zwischen Tauchern und Leinenführer sind Leinensignale zu vereinbaren.
Vorteilhaft ist die Verwendung von Tauchgeräten mit zwei Lungenautomaten. Erst durch die Atmung aus dem Automat und dem damit verbundenen zusätzlichen Temperaturabfall kommt es während des Tauchens (eventuell) zur Vereisung des Reglers. Der Griff zum zweiten noch nicht eingefrorenen Automaten ist dann die schnellste Behebung der Panne.
Mehr als 20 bis 30 m soll die Gruppe sich nicht vom Einstieg entfernen.
Nach dem Tauchen sind die Löcher mit den vorhandenen Eisplatten zu schließen, damit ein schnelles Zufrieren gewährleistet ist. Die Einstiegstellen sind mit Buschwerk oder anderem auffallenden Material als Warnung für Schlittschuhläufer zu markieren.

Dekompression in der Praxis
Sporttaucher bleiben beim Tauchen in unseren Breiten fast immer innerhalb der Nullzeit. Wird aber ein Tauchgang geplant, bei dem Deko-Stufen und Deko-Pausen eingehalten werden müssen, dann gehören entsprechende Vorbereitungen dazu. Tauchzeit, -tiefe und daraus resultierende Deko-Stufen sollten vorher festgelegt werden. Die Pausen selbst lassen sich am besten an einer Deko-Leine oder an einem Ankerseil durchführen. Reserve-Preßlufttauchgeräte müssen an Bord bereitliegen. Ein sachkundiger Begleiter sollte im Boot sein.
Die Rufnummer des Hubschrauber-Rettungsdienstes sowie der Standort der nächstliegenden Druckkammer müssen bekannt sein für den Fall, daß die erforderliche Dekompression aus irgendwelchen Gründen nicht mehr durchgeführt werden konnte oder trotz Durchführung ein Deko-Unfall eintritt.
Viele Taucher legen auch dann eine Deko-Pause ein, wenn es nach der Tabelle gar nicht nötig wäre. Bei einem solchen Nullzeit-Tauchgang wird in 3 m Tiefe eine Pause von nicht festgelegter Zeit eingelegt und das Tauchgerät bis auf einen Restdruck leergeatmet.
Es dürfte einleuchten, daß diese Taucher sich gewissermaßen auf der ‹sicheren Seite› befinden, weil ein Deko-Unfall fast unmöglich wird. In der Praxis wird solch ein Verfahren aber nur angewendet, wenn Tiefen über 20 m aufgesucht wurden.

Tauchunfälle
Es gibt eine Reihe typischer Fehler und Ursachen, die zu Unfällen geführt haben.
Ursache 1: menschliches Versagen. Dieses Versagen betrifft die Nichtbeachtung physikalischer Gesetze und tauchmedizinischer Erkenntnisse. Dazu zählt vor allem die Selbstüberschätzung einiger Sporttaucher, jener sogenannten ‹Spitzentaucher›, die nicht glauben wollen, daß es zu gefährlich ist, in einem Binnengewässer 50 m und tiefer zu tauchen!
Ursache 2: falsches Verhalten vor dem Tauchen. Dazu gehören übermäßiges Essen und Alkoholgenuß, aber auch große psychische oder physische Belastungen vor dem Tauchabstieg. Wer nach einer mehrtägigen Fahrt am Urlaubsort eintrifft und dort am gleichen Tag einen anstrengenden Tauchgang durchführt, ist einem erhöhten Risiko ausgesetzt.
Ursache 3: Nichtbeachtung von Sicherheitsgeboten. Dies sind zum Beispiel Verstöße gegen die Grundsätze ‹Tauche nie allein› oder ‹Tauche nicht bzw. nur unter entsprechender Absicherung bei starkem Bootsverkehr, bei sehr schlechter Sicht und bei sehr starker Strömung›.
Weitere Ursachen von Tauchunfällen sind eine nicht intakte Ausrüstung, ein Nicht-Checken der Ausrüstung vor dem Tauchen und auch ein ungenügendes Tauchtraining.
Nicht selten führt erst eine Verkettung von Ursachen zum Unfall. Dazu ein Beispiel: Vor der Insel Fehmarn verfängt sich ein Sporttaucher in einem Netz, kann sich nicht befreien und ertrinkt. Die erste Unfallursache ist das Verhaken mit dem Preßlufttauchgerät im Netz. Damit muß jeder rechnen, der in der Nähe von Netzen taucht.
Die zweite Unfallursache ist wahrscheinlich darauf zurückzuführen, daß aufgrund fehlenden Trainings der Taucher nicht in der Lage war, aus dem Tauchgerät auszusteigen.
Die dritte und entscheidende Unfallursache: Der Mann tauchte allein. Ein begleitender Taucher wäre mit großer Wahrscheinlichkeit fähig gewesen, den Partner mit wenigen Handgriffen aus seiner gefährlichen Situation zu befreien.
Aus den angeführten Ursachen für Tauchunfälle lassen sich Gebote und Beschränkungen ableiten, deren Beachtung das Unfallrisiko erheblich eingrenzen. Einer der wichtigsten Sicherheitshinweise für Sporttaucher ist, freiwillig darauf zu verzichten, in einem Binnengewässer tiefer als 40 m zu tauchen. Die totale Dunkelheit in diesen Gewässern bedingt, daß das Tauchen dort im Vergleich etwa zum Mittelmeer viel schwieriger und damit gefährlicher wird. Die höhere psychische Belastung wird den Tiefenrausch in aller Regel früher eintreten lassen oder den Effekt verstärken.

Der Taucher soll bei ungünstigen Umständen auf einen Tauchgang verzichten. Ob ein Tauchabstieg noch sinnvoll ist oder ob man ihn besser unterläßt, kann man nicht immer ‹von oben› beurteilen. Sind die negativen Umstände aber eindeutig wie hochgehende See oder/und starke Strömung oder sehr schlechte Sicht (weniger als 2 m), dann sollte der Verzicht nicht schwerfallen, auch wenn man viele Kilometer umsonst gefahren ist.

Treten während des Tauchens größere Schwierigkeiten auf, dann sollte der Mut zum Abbruch eines Tauchgangs aufgebracht werden. Das gilt insbesondere für die Durchführung bestimmter Übungen wie ‹Auftauchen unter Wechselatmung aus größerer Tiefe›, ‹Atmen aus der Weste› und ‹Hochbringen eines schweren Gegenstands›.

Der Taucher sollte eine gute Kondition als Grundlage für seine Tauchgänge besitzen. Eine gute körperliche Verfassung macht das Tauchen sicherer. Dies betrifft unter anderem das Schwimmen gegen die Strömung und das Schnorcheln mit Preßlufttauchgerät. Lebensrettend kann eine gute Kondition werden, wenn beim Verlust des Boots einige tausend Meter bis zur Küste schwimmend zurückgelegt werden müssen. – Im übrigen wirkt sich eine gute Kondition bei vielen Tauchern positiv auf das Selbstvertrauen im Wasser aus.

Verhaltensweisen und Übungsbeispiele im freien Wasser

Verhaltensweisen
Um die nötige Sicherheit im Tauchen mit Gerät im freien Wasser zu erlangen, bedarf es einer langen Trainingszeit, in der die wichtigsten Fertigkeiten erlernt und Erfahrungen durch Tauchgänge erworben werden.

In der Lernphase müssen grundsätzliche Verhaltensweisen vermittelt wie auch spezielle Übungen durchgeführt werden. Zu den wichtigen Aufgaben eines Tauchausbilders gehören:

1. Der Taucher ist zur Verantwortlichkeit gegenüber dem Tauchpartner zu erziehen. Das betrifft die ständige Beobachtung (Blickkontakt) der Mittauchenden. Ebenso darf kein Partner überfordert werden, etwa durch zu große Schnorchelstrecken, zu große Tiefen, Tauchgänge in die Dunkelheit und in die Strömung usw. Erlernen läßt sich auch das rechtzeitige Erkennen der Überforderung eines Partners.

2. Der Taucher muß lernen, sich den Situationen angemessen zu verhalten. Gekonntes Bewegen, entsprechend der Aufgabenstellung, ist eine Fertigkeit, die jeder angehende Taucher erwerben muß, wenn er später als Tauchpartner akzeptiert werden möchte.

3. Die Taucher müssen lernen, den richtigen Abstieg einer Gruppe auf

größere Tiefe durchzuführen. Das Abtauchen ist der Start zu einem Tauchgang. Kommt es dabei zu einem ‹Fehlstart›, dann sind Zeit und vor allem wertvolle Preßluft vergeudet.

Anlaß zu einem mißglückten Start können sein: Druckausgleichschwierigkeiten eines Teilnehmers, sehr oft auch das Wegdriften und Aus-den-Augen-Verlieren der Taucher bei schlechter Sicht.

Für den Druckausgleich gilt es, bei Schwierigkeiten rechtzeitig (spätestens in 1 m Tiefe beginnend) den Vorgang zu wiederholen, aber nicht erst dann, wenn der Ohrschmerz zum deutlichen Warnsignal wird.

Klappt der Ausgleich in zum Beispiel 10 m Tiefe nicht mehr, dann muß der Taucher zunächst 2 bis 3 m höher gehen und es dort erneut versuchen.

Für das Abtauchen gilt es, zunächst an der Oberfläche auszuatmen, um so beschleunigt von dort ‹freizukommen›. In etwa 2 m Tiefe wird kurz ein- und gleich wieder ausgeatmet, dann auf 3 bis 4 m vorgestoßen und auf normale Atmung ‹umgeschaltet›. Hier wird kurz ‹Station› gemacht, bis alle Teilnehmer eingetroffen sind. Nach dem Austausch der O. K.-Zeichen geht der Abstieg weiter.

Ist das Wasser klar und soll das Abtauchen schnell vonstatten gehen, dann taucht man kopfüber hinab. Bei schlechter Sicht, vor allem wenn mehr als zwei Taucher beteiligt sind, ist das Absinken mit den Flossen voran die sicherste und gleichzeitig angenehmste Methode. Dabei läßt sich auch die Sinkgeschwindigkeit sehr gut beeinflussen. Beschleunigend wirken Ausatmung und schlanke Körperhaltung, das heißt, die Arme werden angelegt und die Flossen senkrecht gestellt.

Bremsend wirken sich die Einatmung, ausgebreitete Arme und waagerecht gestellte Flossen aus. Stoppen kann man blitzschnell durch Flossenschlag.

Wichtig ist, daß alle Teilnehmer während des Abtauchens eng zusammenbleiben. Nur so kann man Übersicht behalten. Notfalls ist ein Handkontakt herzustellen.

Die Tarierweste ist bereits beim Abstieg ein gutes Hilfsmittel. Mit ihr gleicht man den durch die Anzugkompression bedingten Volumenverlust aus und vermeidet so das nicht ungefährliche ‹Stürzen› in größerer Tiefe und bei Dunkelheit. Von besonderem Vorteil ist eine Tarierweste, wenn sie mit einem *Inflator* (By-Paß) ausgestattet ist. Per Druckknopf schießt der Taucher Luft in die Weste und muß dazu keine Sekunde sein Umfeld bzw. seine Tauchpartner aus den Augen lassen.

Bei der ‹Landung› auf dem Grund sollten die Taucher breitbeinig aufsetzen und versuchen, ohne weitere Flossenbewegung stehenzubleiben. Nur so läßt sich vermeiden, daß man bei schlammigem Untergrund in wenigen Sekunden von Staubwolken eingehüllt ist.

Bei dem anschließenden Tauchgang (nach entsprechendem Austarieren) bewegen sich die Taucher circa 1 m über dem Grund, um das Aufwirbeln des Schlamms weitgehend zu verhindern.

Übungsbeispiele
Während oder zum Abschluß des Tauchens läßt sich in relativ kurzer Zeit eine der hier vorgestellten Übungen durchführen. Die dabei gewählte Tiefe ist variabel und muß der Entscheidung des Ausbilders überlassen bleiben.

1. Übung: ohne Maske auftauchen

Bevor diese Übung aus größerer Tiefe (10 bis 30 m) unternommen wird, sollte die Reaktion des Tauchschülers auf den Verlust seiner Tauchmaske in geringer Tiefe festgestellt werden. Dazu ist auch ein Test geeignet, in dem der Ausbilder dem Tauchschüler ohne Vorwarnung die Maske ‹entlüftet›. Kommt es dadurch zu einer Schreckreaktion (etwa zu panikartigem Hochtauchen), dann ist dies ein Zeichen für eine unzureichende Gelassenheit unter Wasser.

Die Unmöglichkeit, scharf zu sehen sowie die Wasserkälte oder auch der Salzgehalt des Wassers sind die Hauptschwierigkeiten bei diesem Training.

Wer ohne Maske auftaucht, hat nur geringe Möglichkeiten, seine Auftauchgeschwindigkeit festzustellen; die zunehmende Helligkeit kann ein Hinweis sein.

Interessant ist, daß viele Taucher nach dem Abnehmen der Maske einen zu geringen, fast apathisch wirkenden Flossenschlag vorlegen. Der begleitende Ausbilder muß dann eingreifen und durch Körpersignale (Stoß gegen die Beine) zum Beschleunigen auffordern. Erkennt der Begleiter starke Unsicherheit beim Tauchschüler, dann stellt er einen Handkontakt her und führt den Übenden an die Wasseroberfläche.

2. Übung: Auftauchen ohne Gerätebenutzung

Dieser simulierte Notaufstieg ist eine Vorübung für die folgende Übung ‹Ablegen von PTG und Blei in größerer Tiefe›. Hier wird lediglich das Mundstück des Preßlufttauchgeräts herausgenommen und anschließend aufgetaucht.

Die Übung wird von einigen abgelehnt, weil sie die Gefahr der Lungenüberdehnung birgt. Der Verfasser und mit ihm viele andere Tauchlehrer sind anderer Meinung: Nur was man geübt hat, wird man im Notfall sicher beherrschen. Zudem ist das Auftauchen ohne Atmung bei richtiger Anleitung eine leichte Übung.

Man beginnt in geringen Tiefen und steigert diese allmählich bis auf 20 bis 30 m. In diesen Tiefen ist es sehr wichtig, daß man sich zunächst in ein hydrostatisches Gleichgewicht tariert.

Mit für die expandierende Luft leicht geöffnetem Mund steigt man auf. Die Geschwindigkeit braucht keineswegs forciert werden. Man ist immer wieder erstaunt, daß man ohne größere Atemnot die Wasseroberfläche erreicht.

Volle Aufmerksamkeit ist bei der Verwendung einer Tarierweste erforderlich. Sie ist rechtzeitig zu entlüften, um ein ‹Durchschießen› zu vermeiden.

3. Übung: Gerät und Blei ablegen, auftauchen

Dieses Training, gerade auch in geringer Tiefe zum Schluß eines Tauchgangs, kann man nicht oft genug wiederholen. Es geht vor allem um die
erlernbare Schnelligkeit. Ein PTG kann man leicht in 10 Sek. ablegen;
länger als 30 Sek. darf es nicht dauern.

Für das Ablegen in Tiefen zwischen 5 und 20 m kommen nur Taucher in
Betracht, die sich durch eine genügend lange Praxis Sicherheit im
Tauchen erworben haben.

Von der Durchführung abraten muß man bei größeren Tiefen, wenn
dort Dunkelheit oder Undurchsichtigkeit vorherrscht. Der Übende
darf in keinem Fall allein auftauchen. Das abgelegte Gerät nebst Bleigürtel ist durch andere Taucher oder durch eine Bojenleine zu sichern.
Wird auch der Bleigürtel abgelegt, dann kommt es durch den starken
Auftrieb des Anzugs zumindest auf den letzten 10 m zu einer deutlichen Überschreitung der geforderten maximalen Auftauchgeschwindigkeit von 18 m/Min. Daraus folgt für den Taucher:

a) Eine forcierte Abatmung der expandierenden Luft ist vorzuneh-
   men.

b) Diese Übung darf nicht zum Schluß eines Tauchgangs gemacht
   werden, der an die Grenze der Nullzeit führte. Der beschleunigte
   Aufstieg könnte sozusagen als Initialzündung für einen Deko-Unfall
   wirken.

4. Übung: Aufstieg unter Wechselatmung aus größerer Tiefe

Diese Übung ist eine der wichtigsten für Sporttaucher. Auch wenn es
nur selten geschieht, muß mit dem Ausfall eines PTG immer gerechnet
werden.

Für den Aufstieg aus größerer Tiefe ergeben sich folgende zusätzliche
Momente:

a) Für Aufstiege aus über 20 m Tiefe sollten nur Taucher eingesetzt
   werden, die wenigstens ein Jahr Praxis im Freiwasser nachweisen
   können.

b) Von Anfang an ist darauf zu achten, daß nicht schneller als
   18 m/Min. aufgetaucht wird. Dazu ist es erforderlich, daß einer der
   beiden Teilnehmer Uhr und Tiefenmesser beobachtet.

c) Eine unnötige körperliche Belastung ist durch richtige Tarierung zu
   vermeiden.

d) Bei Tiefen über 20 m soll man einen dritten erfahrenen Taucher mit
   einsetzen, der die mit der Wechselatmung beschäftigten Partner
   überwacht. Durch mangelnde Routine und versehentliches Wasser-
   schlucken kann es zur Atemnot eines Tauchers kommen. Der Begleiter erkennt dies unter anderem daran, daß die Übenden beginnen, sich ‹auszuhungern›, das heißt, sie geben das Mundstück nicht

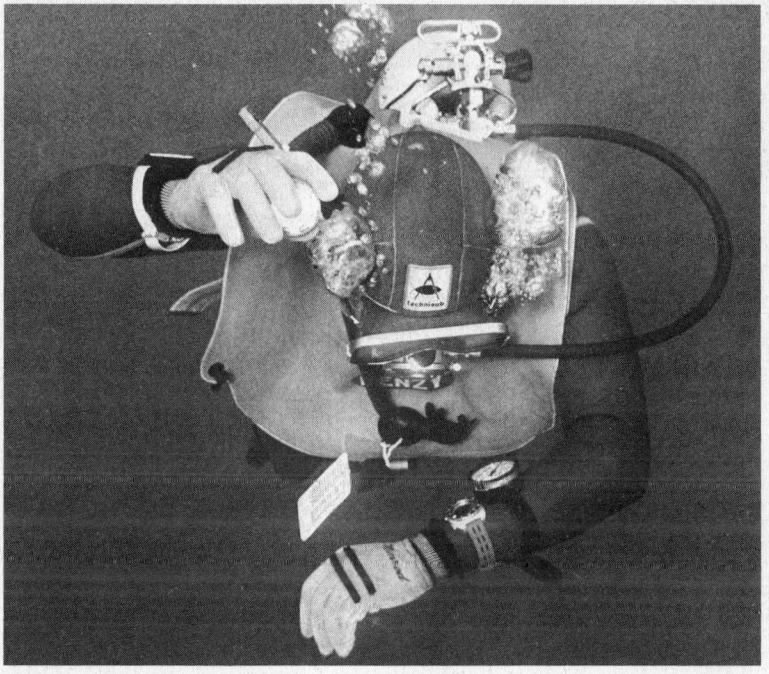

wie vereinbart nach zwei bis drei Atemzügen zurück. In solch einem Fall muß die Übung abgebrochen werden. Jeder muß wieder aus seinem eigenen Preßlufttauchgerät atmen.

5. Übung: Übungen mit der Tarierweste
Wer dieses Instrument beherrschen will, muß ständig mit ihm üben. Der Inflator und das automatische Mundstück haben allerdings die Bedienung einer Tarierweste schon erheblich vereinfacht.
Die Weste ist bei 99 Prozent aller Tauchgänge nur Tarier- und Schwimmhilfe; dennoch ist sie gleichzeitig ein wichtiges Rettungsgerät. Im Notfall kann aus der Weste geatmet werden. Wer dies noch nicht erlernt hat, muß damit in geringer Tiefe anfangen. Man rüstet sich dazu mit mehr Blei als normal erforderlich aus und stellt sich unter Aufsicht eines Begleiters in etwa 3 m Tiefe auf den Grund. Der Auftriebskörper ist dabei entleert. Der Ablauf ist dann folgender:
a) Zur Hälfte ausatmen und dann das Mundstück des PTG herausnehmen.

b) Mundstück des Westen-Atemschlauchs einführen.

c) Aus der Westenflasche 3 bis 5 l Luft in den Auftriebskörper geben. Nicht den Inflator benutzen!

d) In das Mundstück etwas ausatmen, um eingedrungenes Wasser zu entfernen.

e) Dann sofort die im Westenkörper befindliche Luft einatmen.

f) In das Wasser ausatmen. So wird die Pendelatmung ausgeschlossen.

g) Den Vorgang wie unter (c), (e) und (f) wiederholen, bis die Westenflasche fast leer ist. Völlige Entleerung ist nicht ratsam, weil sonst Wasser in die Flasche eindringen kann.

Eine Steigerung der Anforderungen für diese Atemübung ist die Einhaltung einer möglichst konstanten *Schwebelage* während der Atmung aus der Weste. Dazu muß der Taucher einen gewissen Rhythmus zwischen Einatmen, Ausatmen und Luftgeben finden.

Ein simulierter Notaufstieg wird zunächst ohne Westenatmung geübt. Man atmet anfangs normal aus seinem PTG. Dann gibt man aus der Westenflasche so viel Luft in den Auftriebskörper, daß der Aufstieg zur Oberfläche beginnt. Die Aufstiegsgeschwindigkeit versucht man durch Luftablassen auf circa 18 m/Min. zu halten.

Durch dieses Training bekommt man ein Gefühl für die Expansion der Luft, die um so schneller vor sich geht, je weiter man nach oben kommt. Wird dieser kontrollierte Aufstieg beherrscht, dann kann man dazu übergehen, unter Atmung aus der Weste aufzusteigen.

Perfekt ist die Übung durchgeführt, wenn man es schafft, durch rechtzeitiges weitgehendes Entleeren des Westenkörpers die Fahrt in 3 m Tiefe abzustoppen. Da bei Westenübungen immer die Gefahr des ‹Durchschießens› bis zur Wasseroberfläche besteht, soll dieses Training ebenfalls nicht zum Schluß eines Tauchgangs durchgeführt werden, wenn dieser bis an die Grenze der Nullzeit führte.

6. Übung: Nach Kompaß tauchen

Eine größere Strecke legt man im Wasser leichter tauchend als an der Oberfläche schwimmend zurück. So gesehen macht der Gebrauch eines Kompasses den Tauchgang angenehmer und sicherer. Verwendet wird ein kleiner Handkompaß, der am Arm getragen wird. Er macht es (nach entsprechendem Training) möglich, Ziele anzutauchen oder sich von Objekten (Anker, Boot, Boje) zu entfernen und diese dann wiederzufinden. Im Regelfall wird der Taucher dazu in Intervallen von 10 bis 20 Sek. das Instrument kontrollieren. Wichtig ist, daß man den Arm zum Ablesen in eine immer wieder identische Winkelstellung vor die Augen bringt. Stellt man eine plötzliche Kursabweichung fest, dann sollte man zum Ausgleich einige Meter mit entgegengesetzter Abweichung tauchen.

Ferner muß man ein Zeitgefühl für zurückzulegende Strecken entwikkeln, um nicht unbemerkt weit über das Ziel hinauszutauchen, wenn man es verfehlt hat.

7. Gruppenführung

Eine wesentliche Übung für jeden Taucher, der eine längere Praxis hinter sich hat und mit diesem Versuch einverstanden ist, ist das Führen einer Tauchgruppe. Neben der dabei gesammelten Erfahrung ergibt

sich für den mit der Führung betrauten Taucher auch die Einsicht, daß beim Tauchen innerhalb einer Gruppe eine gewisse Disziplin notwendig ist.

Die Leitung eines Tauchgangs beginnt mit dem Checken der Ausrüstung und dem ‹Briefing›. Gesteuert und überwacht werden müssen dann der Zeitpunkt des Abtauchens, der Zusammenhalt der Gruppe, die Beobachtung der Gruppe, Richtung und Entfernung unter Wasser, maximale Tauchtiefe, der Zeitpunkt des Auftauchens und eventuell einzuhaltende Deko-Pause. An Land folgt ein abschließendes Gespräch.

8. Übung: Bergung eines Tauchers
Die hier beschriebene Übung ist in drei Phasen unterteilt.

Erste Phase: Ein Gerätetaucher befindet sich in circa 5 m Tiefe auf dem Grund. Eine kurze Leine von 6 bis 8 mm Stärke ist an seinem Körper befestigt. Ein an der Oberfläche wartender Schnorcheltaucher hat die Aufgabe, den Gerätetaucher heraufzuholen. Der Rettungstaucher muß vorher jedoch die Leine einmal mit seinem Tauchermesser durchschneiden.

Spätestens jetzt wird jeder einsehen, wie schwer es ist, mit einem nicht sehr scharfen Messer eine Leine durchzutrennen, besonders wenn diese nicht fest gespannt ist. Möglicherweise werden dazu mehrere Abtauchvorgänge notwendig sein.

Zweite Phase: Ist der ‹Verunglückte› an die Oberfläche gebracht worden, dann soll ihm der Helfer das Preßlufttauchgerät abnehmen. Auch da wird sich mancher ‹Retter› wundern, wie lange solch eine Aktion dauern kann, vor allem dann, wenn Wellengang an der Oberfläche herrscht und der Körper des ‹Ohnmächtigen› von Gischtwolken umhüllt wird.

Dritte Phase: Sind Blei und Gerät abgenommen, dann wird der ‹Verunfallte› über eine Distanz von mindestens 100 m so abgeschleppt, daß dessen Kopf sicher über Wasser gehalten wird.

9. Übung: Bergung eines Gegenstands
Einen schweren Gegenstand aus der Tiefe zu bergen, kann durchaus eine anspruchsvolle Übung für einen Sporttaucher sein. Gelingt die Bergung, dann ist das Erfolgserlebnis gesichert. Das Suchen des Gegenstands, die Markierung mit Leinen, das Hinunterbringen und Anschlagen der Auftriebskörper, die Wahl der geeigneten Leinen und Knoten, das Herausblasen des Wassers aus dem Auftriebskörper mittels Preßluft – dies alles sind Tätigkeiten, die meist viel mehr Zeit in Anspruch nehmen, als man vorher glaubt. Umsicht, Gefühl und Geschicklichkeit beschleunigen den Ablauf.

10. Übung: Sicheres Auftauchen
Das Auftauchen ist keine spezielle Übung; es ist notwendig und bildet den Abschluß eines jeden Tauchgangs, sollte aber in jeder Situation ruhig und kontrolliert erfolgen.

Für den Anfänger gehört das langsame Auftauchen unter weitgehender Einhaltung der maximalen Aufstiegsgeschwindigkeit von 18 m/Min. zum Training. Dabei muß er immer wieder auf Tiefenmesser und Uhr schauen, darf sich nicht von der Gruppe bzw. vom Partner entfernen. Im Bereich der letzten 10 m ist besonders auf ein rechtzeitiges Entlüften der Tarierweste zu achten. Kurz vor dem Auftauchen ist die Wasseroberfläche zu beobachten und auf Motorbootgeräusche zu hören. Im Augenblick des Durchbrechens der Oberfläche muß sich der Taucher blitzschnell um die eigene Achse drehen und nach Booten Ausschau halten. Den Abschluß des Auftauchens bildet das O. K.-Zeichen, welches der Taucher den Partnern und den im Boot wartenden Helfern gibt.

Anwendungsgebiete des Tauchens

Zu Beginn des Sporttauchens in den vierziger Jahren stand die Unterwasserbeobachtung, -erkundung und -jagd. Im Laufe der weiteren Verbreitung dieses Sports gab es Spezialisierungen und Entwicklungen zu Aktivitäten, bei denen das Tauchen Mittel zum Zweck wurde.

Wettkampfsport
Diesem Anwendungsgebiet kommt eine zunehmende Bedeutung gerade in jenen Ländern zu, deren Gewässer weniger gut zum Tauchen geeignet sind. Dazu zählt auch die Bundesrepublik Deutschland. Als Motivationen für das wettkampfmäßige Betreiben des Tauchens werden von aktiven Tauchern die Freude am Wettkampf, das Erfolgserlebnis, der Wunsch, sich fit zu halten und die Abwechslung genannt. Die Wettkämpfe werden in Deutschland von den dem VDST (Verband Deutscher Sporttaucher) angehörenden Clubs sowie von der Sachabteilung des Verbands organisiert. Durchgeführt werden die Wettkämpfe sowohl in der Schwimmhalle (Hallendisziplinen) als auch im Meer oder in Seen (Freiwasserdisziplinen).

Hallendisziplinen (Damen und Herren):

Flossenschwimmen	Streckentauchen
100 m	50 m ohne Tauchgerät
200 m	100 m mit PTG
400 m	400 m mit PTG
800 m	800 m mit PTG (nur Herren)
1500 m	
4 mal 100-m-Staffel	
4 mal 200-m-Staffel	

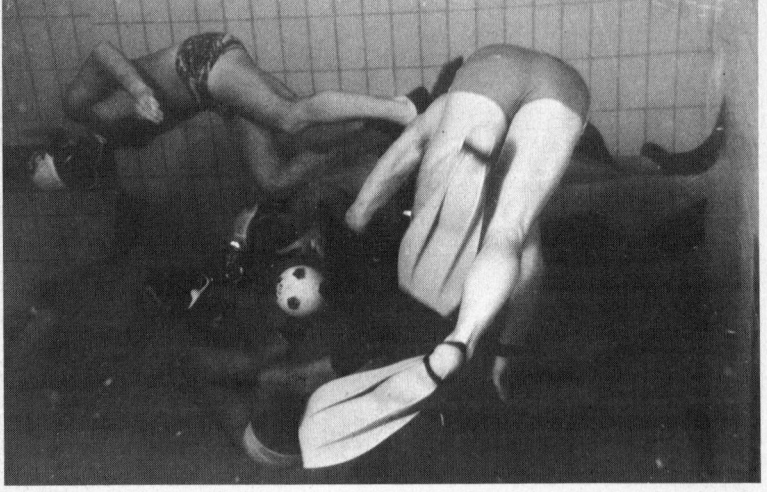

Für diese Disziplinen werden Deutsche-, internationale- und Europa-
und Weltmeisterschaften ausgeschrieben.
In der Halle durchgeführt wird auch das Wettkampfspiel *Unterwasser-
ball.* Hierbei treten nach festgelegten Regeln zwei Mannschaften von je
acht Spielern gegeneinander an, überwacht von mit PTG ausgerüsteten
Schiedsrichtern. Gekämpft wird (ohne Tauchgerät) um einen wasser-
gefüllten Ball, der ins gegnerische Tor zu bringen ist. In diesem Wettkampf werden Deutsche und internationale Meisterschaften ausge-
tragen.

Freiwasserdisziplinen
a) Langstreckenschwimmen. Durchgeführt wird der Europa-Pokal.
Dazu gibt es fünf bis sechs Läufe im Jahr über 6000 m (Damen) bzw.
8000 m (Herren).
b) Orientierungstauchen. In dieser Wettkampfart gibt es Einzel- wie
auch Mannschaftswertungen. Hierbei geht es darum, in möglichst kurzer Zeit vorgegebene Ziele möglichst präzise anzutauchen.
Getaucht wird mit PTG und technisch aufwendigem Orientierungsge-
rät, das aus einem großen Kompaß mit Meterzähler, einem Zeitmesser
und Tiefenmesser besteht. Es gibt Wettkämpfe, bei denen sogar Unter-
wasser-Sonargeräte zugelassen sind. – Durchgeführt werden Deutsche
und internationale Meisterschaften sowie Europa- und Weltmeisterschaften.

Als Spezialausrüstung werden bei allen Hallendisziplinen und beim Langstreckenschwimmen *Wettkampfflossen* verwendet. Dies sind überlange Flossen aus hochelastischem Kunststoff, die beim Kraulbeinschlag durch ihren ‹Peitscheneffekt› einen stärkeren Vorschub ermöglichen als die normalen Taucherflossen.

Die größte Schnelligkeit beim Streckentauchen ermöglicht die *Monoflosse*. Beide Füße des Tauchers stecken in einer großen Kunststoffflosse. Geschwommen bzw. getaucht wird im Delphinstil. – Spezielle Masken aus Plexiglas, sehr flach und dem Gesicht des Benutzers angepaßt, verringern den Wasserwiderstand.

Beim Streckentauchen mit Preßlufttauchgerät werden Geräte verwendet, die lediglich aus einer möglichst kleinen Preßluftflasche mit einem *Einschlauch-Lungenautomaten* bestehen. Die Flasche wird dann während des Tauchens in Vorhalte zwischen den Händen gehalten.

Hatten die Tauchsportwettkämpfer in den sechziger Jahren noch Mühe, beim Flossenschwimmen die Zeiten der Weltklasseschwimmer (ohne Flossen) zu erreichen, so haben sich die Relationen heute deutlich zugunsten der Flossenschwimmer verschoben. Dazu einige Beispiele für 1977 erzielte Zeiten:

100 m Flossenschwimmen:	unter 40 Sek.
50 m Streckentauchen:	um 16 Sek.
100 m Streckentauchen mit PTG:	um 40 Sek.

Von verschiedenen Seiten sind sportmedizinische Bedenken gegen die Verwendung der Wettkampfflossen geäußert worden. So liegen Veröffentlichungen von Marineärzten über Fußgelenkschäden bei Kampfschwimmern durch die Verwendung sehr großer Flossen vor. Gegenteilige Aussagen machen deutsche Wettkämpfer der Spitzenklasse. Trotz hartem Training werden bei den regelmäßigen ärztlichen Untersuchungen keine Schädigungen festgestellt.

Mit der ständig steigenden Popularität des Tauchsports allgemein ist auch ein deutliches Ansteigen der Zuschauerzahlen bei Tauchsportwettkämpfen festzustellen. – Es sind starke Bestrebungen, vor allem in den Ostblockländern vorhanden, das Flossenschwimmen und das Streckentauchen zu olympischen Disziplinen zu erheben.

Unterwasserfotografie und -film

Unterwasserfotografie und -film heißt fotografieren und Filmen unter erschwerten Bedingungen. Mehrere Probleme treten bei Tauchgängen mit der Kamera auf: Man wird unter Wasser erst dann zu guten Aufnahmen kommen, wenn man die Technik des Tauchens so weit beherrscht, daß man sich völlig auf die Kamera konzentrieren kann. Weiterhin ändern sich Lichtverhältnisse unter Wasser sehr schnell. Die Streuung des Lichts, selbst bei klarem Wasser, führt leicht zu Diffusität und Kontrastarmut auf den Bildern.

Bei *Farbaufnahmen* kommt es zu unterschiedlichen Farbwiedergaben in Abhängigkeit von der Länge des Lichtwegs zwischen Lichtquelle, Objekt und Kamera. Das Wasser beginnt schon nach einem sehr kurzen Lichtweg, die warmen Farben rot und orange herauszufiltern. So erklärt es sich, daß in größerer Tiefe nur noch blau/grün zu sehen ist, während in Wirklichkeit die herrlichsten Farben vorhanden sind. Diese Farben sichtbar zu machen, gelingt nur durch Einsatz von Kunstlicht unmittelbar am Objekt (= kurzer Lichtweg).

Wer mit der UW-Fotografie beginnt, steht vor der Wahl, ob er Bilder in Kleinbild- oder 6-mal-6-Format haben möchte und ob er sich ein Spiegelreflexsystem oder eine Rahmensuchereinrichtung anschaffen soll. Galt noch vor wenigen Jahren das Mittelformat 6 mal 6 als gerade gut genug für anspruchsvolle Fotografen, so beginnt sich diese Meinung zu wandeln. Immer mehr Taucher gehen zum Kleinbildformat über. Die Gründe dafür sind: Kleinbildkameras sind kleiner und leichter (Fluggepäck) in der Handhabung als Mittelformatkameras, das Filmmaterial und die Diarahmung kosten nicht einmal die Hälfte pro Foto gegenüber dem 6-mal-6-Format, unter Wasser stehen 36 ‹Schuß› zur Verfügung, und bei der späteren Projektion gibt es im Kleinbildformat die besseren Techniken (Überblendtechnik, Vertonung, Magazine bis 80 Rahmen). Schließlich ist die moderne Reproduktionstechnik in der Lage, auch vom Kleinbild-Dia sehr gute großformatige Veröffentlichungen in Zeitschriften und Büchern herzustellen.

Für das 6-mal-6-Format spricht heute noch: Eine bessere Betrachtung des Dias ist möglich, die Diaretusche ist leicht durchführbar, und damit bestehen erhöhte Verkaufschancen. Mit 6-mal-6-Bildern lassen sich sehr gute Projektionswirkungen auf der Leinwand erzielen.

Spiegelreflexkameras befreien den Fotografen vom schwierigen Schätzen der Entfernung. Im Kleinbildbereich wird dieses System zunehmend von der bisher einzigen Nicht-Reflexkamera überholt, der «Nikonos». Sie ist eine echte UW-Kamera und bietet gute Möglichkeiten. Wechselobjektive gibt es vom Tele bis zum Fisheye. Mit entsprechenden Vorsatzlinsen kann man Makro-Aufnahmen herstellen.

Für *Kleinbildkameras* stellt die Industrie Universalgehäuse her, in die verschiedene Fabrikate hineinpassen. Die Gehäuse sind meist aus Aluminium gegossen und erlauben das Einstellen der Kamera für alle wichtigen Funktionen. Kunststoffgehäuse gibt es ebenfalls zu kaufen, aber fast nur in Verbindung mit dazugehörigen Kameras. Für 6-mal-6-Kameras gilt, daß die existierenden Kameragehäuse fast ausschließlich für das jeweilige Fabrikat konstruiert sind.

Für das *Filmen* unter Wasser kommt das Super 8-System in Frage. Das 16-mm-Format bleibt den Profis vorbehalten. Diese Kameras und das dazugehörige Filmmaterial sind um ein Mehrfaches teurer und die Gehäuse aufwendiger und schwerer als beim Super 8-System. Vorzuziehen sind Kameras mit automatischer Belichtungseinstellung und Zoom-Objektiv.

Für Super 8-Kameras gibt es spezielle Gehäuse und auch Universalgehäuse. Aufgrund der Bauart wie auch der unkomplizierten Bedienung mancher Kameras ist es möglich, ein Gehäuse in Eigenbau aus im Fachhandel erhältlichem Kunststoffrohr zu fertigen.

Wer die kräftigen, warmen Farben auf seinem Film sehen möchte, kommt um die Verwendung eines Blitzlichts oder Scheinwerfers nicht herum.

Bei der Fotokamera hat man die Wahl zwischen Vacu- (= Birnen) und Elektronenblitz. Welches das bessere dieser beiden Verfahren ist, ist eine alte Streitfrage. Die Meinung der Experten neigt sich in den letzten

Jahren deutlich zugunsten des Elektronenblitzlichts. Seine Vorteile überwiegen die Vorteile des Birnenblitzlichts. Es gibt praktisch keine Zündversager, keine Kosten durch das Blitzen, und technische Raffinessen wie Computerdosierung und Sklavenblitz sind als Zusatz möglich. Das für Unterwasseraufnahmen etwas zu kalte Licht des Elektronenblitzes gleicht man an der Kamera durch den Aufsatz eines leichten Rotfilters (KR 3 oder KR 6) aus.

Die Industrie bietet fertige Unterwasser-Elektronenblitzgeräte an. Es ist auch nicht schwierig, aus einem Kunststoffrohr ein Eigenbaugehäuse für ein Elektronenblitzgerät herzustellen.

Filmkameras erfordern den Einsatz von Halogenlicht. Man benötigt wenigstens eine Lichtleistung von 150 bis 200 Watt. Sehr oft werden zwei Halogenleuchten (links und rechts der Kamera) verwendet. – Unterwasser-Halogenleuchten mit Ladeeinrichtung werden im Handel angeboten. Der Selbstbau eines Gehäuses ist leicht möglich mittels Kunststoffrohren.

Bei der Verwendung von Filmmaterial für Fotokameras empfiehlt sich bei Schwarz-weiß-Filmen Material zwischen 18 bis 27 DIN, welches durch Unterbelichtung mit ausgleichender Spezialentwicklung noch mehr ausgenutzt werden kann. Für Farbfilme ist normales Tageslichtmaterial zwischen 15 bis 20 DIN geeignet. Gute Ergebnisse kann man erzielen, wenn man den Film um eine Blende unterbelichtet und entsprechend länger entwickeln läßt. Man erhält dann eine größere Tiefenschärfe und brillante Farben durch höheren Kontrast.

Zu guten Unterwasserfilm- und Bilderergebnissen braucht man neben den notwendigen Tauchfertigkeiten ein systematisches Training mit der Kamera. Bei den ersten Filmen unter Wasser sollte man folgende Werte auf einer Plastikschreibtafel notieren: Motiv, Blende, Zeit und Entfernung.

Unterwasserfilm oder -foto beherrscht man besser, wenn man ständig in Übung bleibt. Es ist daher kein hinausgeworfenes Geld, wenn man auch in den Wintermonaten gelegentlich einen Film ‹durchzieht›, und sei es im Hallenbad.

Weitwinkelobjektive sind für einen großen Bereich unter Wasser sehr gut geeignet. Man muß mit ihnen näher an das Objekt heran und verkürzt dadurch den Lichtweg im Wasser.

Man wählt (außer in geringen Tiefen bei hellem Tageslicht) relativ lange Belichtungszeiten zwischen $1/60$, $1/30$, in Extremfällen auch $1/10$ Sekunde. Dadurch wird erreicht, daß nicht nur das im Vordergrund vom Blitzlicht getroffene Objekt abgebildet ist, sondern auch der im Dämmerlicht befindliche Hintergrund. Erst der Hintergrund gibt einem Unterwasserfoto die richtige Stimmung.

Unterwasserarchäologie

Die Erfolge der Altertumsforschung sind durch die Möglichkeiten des Schwimmtauchens (= Sporttauchens) beeinflußt worden. In den vergangenen Jahren ist es den UW-Archäologen gelungen, Wracks in allen Meeren zu entdecken. Diese Wracks sind Zeugen vergangener Epochen und für die Wissenschaft von unschätzbarem Wert.

Die Forscher entwickeln und verfeinern laufend ihre Methoden, solche Wracks unter Wasser zu vermessen, sie freizulegen, die Überreste ans Tageslicht zu bringen und zu konservieren. In mühevoller Arbeit versuchen sie, Alter und Herkunft festzustellen und eventuell auch durch Wiederzusammensetzung den ehemaligen Zustand zu rekonstruieren. Die Tätigkeit an einem einzigen Wrack kann sich unter wie auch über Wasser über Jahre hinziehen.

Der Unterwasserarchäologie kommt deshalb besondere Bedeutung zu, weil (a) die Fundstellen fast immer Hunderte von Jahren unverändert geblieben sind und weil (b) die Fundstücke durch Schlamm oft hervorragend konserviert worden sind. Bekanntes Beispiel sind die zum Teil über 2000 Jahre alten griechischen bzw. römischen Amphoren, die vollständig erhalten vom Meeresgrund geborgen werden konnten.

Hilfsgeräte der UW-Archäologen sind Kamera, Maßband, Zeichentafel sowie Spül- und Saugeinrichtungen, mit denen der Mantel aus Sand und Schlamm, der die Fundstellen fast immer bedeckt, abgetragen werden kann.

Nicht selten werden archäologische Kostbarkeiten von Sporttauchern entdeckt. Solche Funde müssen unbedingt den zuständigen Behörden gemeldet werden. Es sind auch Fälle bekanntgeworden, in denen Taucher die gefundenen Wracks geplündert haben. Viele Länder haben deshalb scharfe Bestimmungen zum Schutz historischer Gegenstände erlassen. Danach sind Altertumsfunde sofort zu melden. Plünderungen werden teilweise sehr hart bestraft.

Angestrebt wird von der Wissenschaft und den Tauchsportverbänden eine fruchtbare Zusammenarbeit der Archäologen und Sporttaucher. Entsprechende Arbeitsgemeinschaften gibt es inzwischen in zahlreichen Ländern, so auch in Deutschland.

Forschungstauchen

Vor allem die Meeresbiologen und die Geologen erlangten durch das Schwimmtauchen eine beachtliche Erweiterung ihrer Tätigkeiten. Waren die Wissenschaftler früher auf die Schilderungen von Helmtauchern angewiesen, so lernen sie jetzt selbst tauchen und können unter extremen Bedingungen forschen.

In den sechziger Jahren entwickelte sich das Forschungstauchen in Deutschland noch aufgrund eigener Initiative der Wissenschaftler bzw.

einiger Lehranstalten. – Offiziell gegründet wurde die Forschungstaucherei in der Bundesrepublik am 7. Dezember 1970. Anerkannte Ausbildungsstätten für Forschungstaucher sind: das Geologisch-Paläontologische Institut der Universität Kiel, die Biologische Anstalt auf Helgoland und die Gesellschaft für Kernenergieverwertung in Schiffbau und Schiffahrt (GKSS) in Travemünde. Gegenwärtig gibt es in der Bundesrepublik an 23 wissenschaftlichen Instituten Forschungstaucher-Gruppen (Stand: Ende 1977). – Versicherungsträger sind die Ausführungsbehörden für Unfallversicherung der jeweiligen Bundesländer.

Die übergeordnete Koordination von Tauchvorhaben, Klärung von Ausbildungs-, Prüfungs- und Sicherheitsfragen erfolgt durch die Unterkommission ‹Forschungstauchen› der Senatskommission für Ozeanographie der Deutschen Forschungsgemeinschaft.

Arbeitsgebiete der ‹Biologie› sind: gezielte und ‹ungestörte› Entnahme (Erhalt des natürlichen Sedimentaufbaus) von Bodenproben, Kartierung des Bodens im Hinblick auf Ausdehnung und Dichte von Siedlungsgemeinschaften. Speziell im Unterwasserlabor geschieht die Erforschung der Tag/Nacht-Aktivitätsrhythmik von Meerestieren. In der Fischerei beobachten und filmen die Forschungstaucher neu entwickelte Fanggeschirre.

Arbeitsgebicte der ‹Geologie› sind Messungen von Höhenveränderungen des Meeresbodens, hervorgerufen durch Sandwanderungen, die sedimentologische Kartierung, gezielte Probenahmen und die Entwicklung von Meßsonden.

Voraussetzungen für Ausbildung zum Forschungstaucher sind die gesundheitliche Eignung (gewerbeärztliches Zeugnis), Kenntnisse und Leistungen gemäß des Grundscheins der DLRG und ein Mindestalter von neunzehn Jahren. Die Ausbildung erfolgt durch einen anerkannten Taucherausbildungsbetrieb. Es müssen mindestens fünfzig Tauchstunden geleistet werden. Die theoretische Ausbildung erfordert mindestens zwanzig Stunden. Die Abnahme der Prüfung geschieht durch staatliche Prüfungskommissionen für das Tauchergewerbe bzw. durch Prüfungsausschüsse der zuständigen Industrie- und Handelskammer. Die taucherischen Anforderungen bei der Prüfung entsprechen in etwa dem Tauchsportabzeichen ‹Bronze› des VDST (siehe «Anhang, Seite 178f). Zusätzlich werden Geschicklichkeitsübungen mit praktischem Nutzwert wie Anschlagen von Gegenständen unter Wasser und Suchen eines Objekts mittels Leinenführung verlangt. Die Zahl der in der Bundesrepublik bis Ende 1977 staatlich examinierten Forschungstaucher beträgt 120.

Rettungstauchen

Rettungstaucher gibt es in folgenden Organisationen: DLRG, Wasserwacht, Technisches Hilfswerk und Feuerwehr. Die DLRG erkannte frühzeitig die besseren Möglichkeiten bezüglich der Suche, Rettung und Bergung verunglückter Personen durch trainierte Schwimmtaucher. Diese Organisation begann bereits in den fünfziger Jahren, am Rettungstauchen interessierte Mitglieder im Tauchen mit dem Preßlufttauchgerät auszubilden. Daraus entstand eine systematische Rettungstaucherausbildung, die mit einer entsprechenden Prüfung abschließt. Im Rettungstauchen werden Rettungsschwimmer mit Leistungsschein der DLRG eingesetzt.

Einige Berufsfeuerwehren setzen bei bestimmten Unglücksfällen als Schwimmtaucher ausgebildete Feuerwehrleute ein. Ausgerüstet sind diese mit Preßlufttauchgerät und Trockentauchanzug. Die Ausrüstung befindet sich meist an Bord eines Rettungswagens. Der Taucher legt bereits während der Anfahrt zum Unglücksort alle Gerätschaften komplett an, so daß am Unfallort kein Zeitverlust entsteht.

Militärisches Tauchen

Vom Beginn des Sporttauchens bis zum Einsatz von Soldaten, ausgerüstet mit Flossen, Maske und Atemgerät, gegen feindliche Objekte war es nur ein kurzer Weg. So wurden bereits im Zweiten Weltkrieg von mehreren Nationen Kampfschwimmer auf feindliche Schiffe und Unterwassersperren angesetzt.

Verschiedene Laufbahnen mit unterschiedlichen Aufgaben stehen geeigneten Marinesoldaten heute in der Bundesrepublik offen. Nach der Grundausbildung (zwei Monate) als Schwimmtaucher und anschließender weiterer Schulung kann die Befähigung und der Einsatz als schiffstechnischer Taucher erlangt werden. Die Aufgaben dieser Taucher bestehen in der Schiffssicherung. Die Ausrüstung umfaßt Preßlufttauchgerät und Konstantvolumen-Anzug. Ihr Einsatz erfolgt aber auch als Helmtaucher.

Eine andere Möglichkeit ist die Ausbildung zum Minentaucher. Seine defensive Aufgabe besteht in der Suche, Entschärfung und Bergung oder auch Sprengung von Unterwasser-Explosivkörpern. Ausrüstung dieses Tauchers ist ein Neopren-Naßtauchanzug oder Konstantvolumen-Anzug. Es werden nur antimagnetische geräuscharme Atemgeräte verwendet.

Am bekanntesten und mit großem Image versehen ist zweifellos der Kampfschwimmer. Für diese Laufbahn gibt es nicht viele geeignete Bewerber; denn die Anforderungen der Bundesmarine sind hoch. Der Kampfschwimmer erhält eine Einzelkämpferausbildung. Kilometerlange Schwimmstrecken, die in der offenen See zurückzulegen sind, bedeuten für den Kampfschwimmer nichts Außergewöhnliches. Offensive Aufgaben sind das Anschwimmen, Antauchen und Vernichten feindlicher Objekte. Der Kampfschwimmer ist mit Naßtauchanzug, Flossen, Maske und Schnorchel ausgerüstet. Als Atemgerät wird das Sauerstoff-Kreislaufgerät verwendet, das keine verräterischen Luftblasen abgibt. Da ein solches Gerät nur sehr geringe Tauchtiefen bis maximal 10 m zuläßt, wird hier in Zukunft sicher ein Mischgas-Kreislaufgerät zum Einsatz kommen.

Gewerbliches Tauchen

Dieser Zweig der Taucherei stieg etwa ab 1960 vom Helmtauchen allmählich auf das schnellere, elegantere und kostengünstigere Schwimmtauchen um.

Ausgebildete Schwimmtaucher arbeiten für Taucher- und/oder Baufirmen und müssen vielseitig sein. Ihre Aufgaben sind Suche, Bergung, Sprengung, Reparatur, Bau und Schweißen unter Wasser. Getaucht werden darf nur unter Einhaltung der Auflagen der Berufsgenossenschaft. Die eingesetzten Taucher müssen über Leinen gesichert und geführt werden. Dies besorgt vom Boot oder von der Kaimauer aus der Signalmann, der selbst Taucher sein muß. Die Ausrüstung umfaßt meist Konstantvolumen-Anzug und PTG.

Unter den gewerblichen Tauchern gibt es spezialisierte Taucher. Hier wären zu nennen die in Industrie und Behörden arbeitenden Ingenieurtaucher, die allerdings nicht ständig tauchen. Ihre Aufgabe ist die Beobachtung, Vermessung, Kontrolle, Fotografie von UW-Bauarbeiten und -Reparaturen.

Einer breiten Öffentlichkeit bekannt ist die Tätigkeit der Taucher auf den Bohrinseln der großen Ölgesellschaften. Hier werden mit Abstand die größten Wassertiefen von den Tauchern erreicht. 200 m, aber auch 300 m sind keine Seltenheit. Möglich sind solche Tiefen nur durch eine aufwendige Technologie, die auch das Sättigungstauchen beinhaltet. Mittels absenkbarer Druckkammern werden die Taucher auf die entsprechende Tiefe gebracht, verlassen die Kammer am Einsatzort, werden für ihre Atmung mit auf die Tiefe abgestimmten Helium-Gasgemischen versorgt. Nach erledigter Arbeit (Reparatur, Verlegung, Kontrolle) erfolgt die Rückkehr in die Kammer. Diese wird hermetisch verschlossen. Die Taucher bleiben unter Druck, obwohl die Kammer nach oben gezogen wird. An Deck erfolgt die Einschleusung der Taucher ohne Druckverlust in die große, komfortabel ausgestattete Deckskammer. Hier verbleiben sie bis zu ihrem nächsten Einsatz. Mit dieser Methode wird die sonst normalerweise nach jedem Tauchen notwendige Entsättigung vermieden. Diese Taucher können sehr lange in großen Tiefen arbeiten, ohne daß eine zehn oder zwanzig Stunden dauernde Dekompression fällig wäre.

Anhang

Tauchsportabzeichen

Leistungsstufe ‹Bronze – Taucher I› (ab 14 Jahre)
Voraussetzung für den Beginn der Abnahmen durch einen anerkannten Prüfer (Moniteur I, II oder III) dieser Leistungsstufe ist:
Nachweis durch Logbuch und Zeugenunterschrift von mindestens zehn Tauchgängen, davon wenigstens drei auf 20 m.

1. Prüfungsteil ‹ABC›:
Erste Übung: 750-m-Schnorcheln, jeweils 250 m in Brust-, Seiten- und Rückenlage, ohne Armbenutzung im Freigewässer.
Zweite Übung: 250-m-Schnorcheln mit einer Flosse und Armbenutzung im Freigewässer (Schwimmlage nach Wunsch).
Dritte Übung: 35-m-Streckentauchen.
Vierte Übung: 45 Sek. Zeittauchen, unter Zurücklegung einer Strecke von mindestens 10 m.
Fünfte Übung: Innerhalb einer Minute zweimal Tieftauchen auf 5 m; wahlweise kann innerhalb einer Minute auch dreimal auf 4 m abgetaucht werden.
Sechste Übung: Bergung eines ‹bewußtlosen› Gerätetauchers im Freigewässer aus 5 m Tiefe, anschließend 100-m-Transportschwimmen ans Ufer, anschließend Wiederbelebung an Land mit Demonstration der Atemspende.
Siebte Übung: Demonstration und Erläuterung der internationalen UW-Zeichen.

2. Prüfungsteil ‹Gerätetauchen›:

Erster Tauchgang: 20 Min. auf 10 m; während des Tauchgangs Maske in 10 m Tiefe abnehmen, aufsetzen und ausblasen (bei sehr kalten Gewässern genügt Fluten und Ausblasen der Maske).

Zweiter Tauchgang: 20 Min. auf 10 m, am Ende des Tauchgangs Simulation eines verlangsamten Notaufstiegs (auf gleicher Höhe mit dem Prüfer) aus 5 m Wassertiefe unter Herausnahme des Gerätemundstücks und kontrollierter Luftabgabe beim Aufstieg.

Dritter Tauchgang: 20 Min. auf 10 m; Westenübung: Nach dem Abtauchen auf 10 m Tiefe tariert sich der Taucher anschließend durch Einblasen von Ausatemluft in die Tarierweste aus, dabei muß in kurzer Zeit hydrostatisches Gleichgewicht hergestellt sein.

Vierter Tauchgang: 10 Min. auf 20 m; Westenübung in 20 m Wassertiefe, Einblasen von Ausatemluft in die Tarierweste bis Auftrieb entsteht; Aufstieg unter Geräteatmung ohne Flossenbenutzung auf 10 m. Anschließend Fortsetzung des Tauchgangs.

Fünfter Tauchgang: 10 Min. auf 20 m; geschwindigkeitskontrollierter Aufstieg von mindestens 2 Min. Dauer aus 20 m Tiefe unter wechselseitiger Atmung von zwei Tauchern aus einem Gerät, anschließend 10 Min. Schnorcheln in voller Ausrüstung.

Sechster Tauchgang: Ausführung von 2 verschiedenen vorschriftsmäßigen Sprüngen aus mindestens 1 m Höhe (diese Übung kann im Hallenbad abgelegt werden).

Anmerkung: Bei den Prüfungstauchgängen zum DTSA Bronze wird generell die Benutzung einer Preßluft-Tarierweste empfohlen. Für die Westenübungen sind Tarierwesten ohne Preßluftflasche ausreichend.

3. Prüfungsteil ‹Tauchtheorie›:

Auf einem vom Prüfer vorgelegten Fragebogen des VDST mit 15 Fragen müssen innerhalb 60 Min. von den Fragen 1 bis 10 mindestens acht und von den Fragen 11 bis 15 mindestens vier richtig beantwortet werden.

Bei höherer Fehlerquote kann die Prüfung nach frühestens vier Wochen mit einem anderen Fragebogen wiederholt werden. DTSA-Bewerber, deren praktischer Leistungsstand dem Prüfer nicht bekannt ist, haben vor Beginn der praktischen Prüfungsdisziplin den Prüfungsteil ‹Tauchtheorie› abzulegen.

Leistungsstufe ‹Silber – Taucher II› (ab 15 Jahre)
Voraussetzung für den Beginn der Abnahmen durch einen anerkannten Prüfer (Moniteur II oder III) dieser Leistungsstufe sind:
1. Mit Erfolg abgelegtes und beurkundetes DTSA Bronze.
2. Nachweis der geforderten Pflichttauchgänge, mindestens weitere 25 Tauchgänge, davon wenigstens 10 Abstiege auf 30 m.

1. Prüfungsteil ‹ABC›:
Erste Übung: 1500-m-Schnorcheln, jeweils 500 m in Brust-, Seiten- und Rückenlage, ohne Armbenutzung im Freigewässer.
Zweite Übung: 500-m-Schnorcheln mit einer Flosse und Armbenutzung im Freigewässer (Schwimmlage nach Wunsch).
Dritte Übung: 40-m-Streckentauchen, dabei ist Tauchbekleidung, bestehend mindestens aus Neoprenjacke und entsprechendem Tariergewicht, zu tragen.
Vierte Übung: 60 Sek. Zeittauchen unter Zurücklegung einer Strecke von mindestens 10 m.
Fünfte Übung: 10-m-Tieftauchen.
Sechste Übung: Bergung eines ‹bewußtlosen› Gerätetauchers im Freigewässer aus 7,50 m Tiefe, anschließend 200-m-Transportschwimmen ans Ufer oder Boot; anschließend Wiederbelebung an Land mit Demonstration der Atemspende.

2. Prüfungsteil ‹Gerätetauchen›:
Erster Tauchgang: 10 Min. auf 30 m, während des Tauchgangs simulierter Notaufstieg aus 30 m auf 10 m Tiefe. In 30 m Tiefe Herausnehmen des Gerätemundstücks und Einführung des Tarierwestenmundstücks. Zu Beginn der Übung darf keine Ausatemluft in der Weste sein. Aufstieg unter Westenatmung ohne Pendelatmung auf 10 m. Anschließend Fortsetzung des Tauchgangs.
Zweiter Tauchgang: 15 Min. auf 20 m; zu Beginn des Tauchgangs liegt das Gerät in 15 m Tiefe, der Prüfling taucht das Gerät an und legt es in dieser Tiefe vorschriftsmäßig an (Gewichtsgürtel über allen anderen Gurten).
Dritter Tauchgang: 10 Min. auf 30 m. Während des Tauchgangs geschwindigkeitskontrollierter Aufstieg von mindestens 2 Min. Dauer aus 30 m Tiefe unter wechselseitiger Atmung von zwei Tauchern aus einem Gerät.
Vierter Tauchgang: 10 Min. auf 30 m; Westenübung: Am Ende des Tauchgangs in 30 m Tiefe tarieren mit Ausatemluft in der Weste, anschließend geschwindigkeitskontrollierter Aufstieg unter Luftabströmen aus der Weste und Stopp des Aufstiegs in 6 m Tiefe. Dort simulierte Deko-Pause von einer Minute auf 6 m, dann den Rest

der Atemluft aus der Westenflasche auf 3 m veratmen, anschließend
20 Min. Schnorcheln in voller Ausrüstung.

Fünfter Tauchgang: 10 Min. auf 30 m; Orientierungsübung: Am Ende
des Tauchgangs auftauchen und Anpeilen eines Orientierungspunk-
tes mit dem Kompaß, danach abtauchen auf 6 m Tiefe mit wenigstens 100 m Ortsveränderung, der Prüfling führt die Tauchergruppe
in dieser Tiefe nach Kompaß zum Ziel, maximale Abweichung je 10
m links/rechts.

Sechster Tauchgang: 15 Min. auf 20 m; Westenübung: Am Ende des
Tauchgangs geschwindigkeitskontrollierter Aufstieg bis auf 6 m Tiefe; in 6 m Tiefe zwei Min. Atmung aus der Weste (Pendelatmung
verboten).

Anmerkung: Bei den Prüfungstauchgängen zum DTSA Silber ist die
Benutzung einer Preßluft-Tarierweste zwingend vorgeschrieben.

3. Prüfungsteil ‹Tauchtheorie›:
Auf einem vom Prüfer vorgelegten Fragebogen des VDST mit 15 Fragen müssen innerhalb 75 Minuten von den Fragen 1 bis 10 mindestens
acht und von den Fragen 11 bis 15 mindestens vier richtig beantwortet
werden.
Bei höherer Fehlerquote kann die Prüfung nach vier Wochen mit einem anderen Fragebogen wiederholt werden.

Leistungsstufe ‹Gold – Taucher III› (ab 17 Jahre)
Voraussetzung für den Beginn der Abnahmen durch einen anerkannten Prüfer (Moniteur III) dieser Leistungsstufe sind:
1. Mit Erfolg abgelegtes und beurkundetes DTSA-Silber.
2. Nachweis der geforderten Pflichttauchgänge, mindestens weitere 25
   Tauchgänge, davon wenigstens 5 Abstiege auf 40 m.

1. Prüfungsteil ‹ABC›:
Erste Übung: 2250-m-Schnorcheln, jeweils 750 m in Brust-, Seiten-
und Rückenlage ohne Armbenutzung im Freigewässer.
Zweite Übung: 750-m-Schnorcheln mit einer Flosse und Armbenutzung im Freigewässer (Schwimmlage nach Wunsch).
Dritte Übung: 50-m-Streckentauchen; wahlweise 45-m-Streckentau-
chen mit Tauchbekleidung, bestehend mindestens aus Neoprenjak-
ke und entsprechendem Tariergewicht.
Vierte Übung: 75 Sek. Zeittauchen unter Zurücklegung einer Strecke
von mindestens 10 m.
Fünfte Übung: 15-m-Tieftauchen.

Sechste Übung: Bergung eines ‹bewußtlosen› Gerätetauchers im Freigewässer aus 10 m Tiefe, anschließend 300-m-Transportschwimmen
ans Ufer, anschließend Wiederbelebung an Land oder Boot mit Demonstration der Atemspende.

2. Prüfungsteil ‹Gerätetauchen›:

Erster Tauchgang: 10 Min. auf 35 m; während des Tauchgangs simulierter Notaufstieg aus 35 m Tiefe. In 35 m Tiefe Herausnehmen des
Gerätemundstücks. Zu Beginn der Übung darf keine Ausatemluft
in der Weste enthalten sein. Aufstieg unter Westenatmung ohne
Pendelatmung auf 10 m. Anschließend Fortsetzung des Tauchgangs.

Zweiter Tauchgang: 5 Min. auf 40 m; am Ende des Tauchgangs geschwindigkeitskontrollierter Aufstieg von mindestens 3 Min. Dauer
aus 40 m Tiefe unter wechselseitiger Atmung von zwei Tauchern
aus einem Gerät. Vor Beginn der Übung ist auf exakte Tarierung zu
achten. Nach beendetem Aufstieg 30 Min. Schnorcheln in voller
Ausrüstung.

Dritter Tauchgang: 15 Min. auf 30 m; während des Tauchgangs vor-
schriftsmäßige Bergung eines ‹bewußtlosen› Gerätetauchers mit
Westenbenutzung aus 30 m Tiefe, Schnellstopp der Bergung in 3 m
Tiefe, anschließend wieder abtauchen zur Fortsetzung des Tauchgangs.

Vierter Tauchgang: 15 Min. auf 30 m; Westenübung: Am Ende des
Tauchgangs geschwindigkeitskontrollierter Aufstieg aus 30 m auf
6 m Tiefe, dort simulierte Deko-Pausen von einer Minute auf 6 m
und den Rest der Atemluft aus der Westenflasche auf 3 Meter veratmen (keine Pendelatmung).

Fünfter Tauchgang: 20 Min. auf 25 m; während des Tauchgangs Bergung eines auf 200 bar gefüllten 10-l-Preßluftgerätes und eines 5-kg-
Gewichtsgürtels ohne Benutzung von Hebemitteln (der Prüfling
muß vor dem Abtauchen an der Oberfläche austariert sein und darf
während der Übung seine Tarierung nicht ändern).

Sechster Tauchgang: Eignungsnachweis als Teamleiter:
Der Prüfling leitet den Tauchgang eines Vier-Mann-Teams (neben
Prüfer und Prüfling zwei weitere Teilnehmer) in folgender Ausfüh-
rung:

a) Anlegen der Ausrüstung überprüfen.
b) Start vom Land oder vom Boot aus, 10 Min. Schwimmen an der
   Wasseroberfläche mit voller Ausrüstung.
c) Gemeinsames Abtauchen auf 25 m.
d) Der Prüfling muß das Team zusammenhalten und taucht nach
   Kompaß zum Boot oder zum Ausgangspunkt an Land zurück.

e) Das Team muß gemeinsam mit geschlossener Reserve am Zielort bzw. am Ausgangspunkt auftauchen, die zurückgelegte Tauchstrecke muß mindestens 200 m betragen.

Siebter Tauchgang: 5 Min. auf mindestens 40 m, höchstens 50 m; am Ende des Tauchgangs geschwindigkeitskontrollierter Aufstieg mit simulierter Deko-Pause von 3 Min. in 6 m Tiefe und von 5 Min. in 3 m Tiefe.

Anmerkung: Bei den Prüfungstauchgängen zum DTSA Gold ist die Benutzung einer Preßluft-Tarierweste zwingend vorgeschrieben.

3. Prüfungsteil ‹Tauchtheorie›:

Auf einem vom Prüfer vorgelegten Fragebogen des VDST mit 15 Fragen müssen innerhalb 90 Min. von den Fragen 1 bis 10 mindestens acht und von den Fragen 11 bis 15 mindestens vier richtig beantwortet werden. Bei höherer Fehlerquote kann die Prüfung nach frühestens vier Wochen mit einem anderen Fragebogen wiederholt werden.

Quelle: Das Deutsche Tauchsportabzeichen (DTSA). Herausgegeben vom Verband Deutscher Sporttaucher e. V., Schloßstraße 6, 2000 Hamburg 70 (Stand 1/79).

Anschriften der Landesverbände
im Verband Deutscher Sporttaucher e. V.

Verband Deutscher Sporttaucher e.V.
Schloßstraße 6
2000 Hamburg 70

Landesverbände

Badischer
Tauchsportverband e. V.
Hegelstraße 44
7530 Pforzheim

Bayerischer
Landestauchsportverband e. V.
Bertholdstraße 20
8000 München 40

Berlin
(Zur Zeit kein Landesverband)

Landes-Tauchsport-Verband
Bremen e. V.
Rückertstraße 24
2800 Bremen 1

Hamburger
Tauchsport-Bund e. V.
Falkenstein 2
2000 Hamburg 55

Hessischer
Tauchsportverband e. V.
Carl-von-Weinberg-Straße 4
6000 Frankfurt/Main

Tauchsport-Landesverband
Niedersachsen e. V.
Bachstraße 42
3008 Garbsen 1

Landesverband
Nordrhein-Westfalen e. V.
Hahnenstraße 54
5024 Pulheim/Stommelerbusch

Landesverband Sporttauchen
Rheinland-Pfalz
Schneiderstraße 10
Postfach 1147
6750 Kaiserslautern

Saarländischer
Tauch-Sport-Bund e. V.
Provinzialstraße 205
6633 Ensdorf

Tauchsport-Landesverband
Schleswig-Holstein
Goethestraße 13
2300 Kiel 1

Württembergischer Landes-
verband für Tauchsport e. V.
Postfach 501267
7000 Stuttgart 50

Literaturhinweise

Tauchausbildung

O. F. Ehm: Tauchen – noch sicherer. – Albert Müller 1974.

Wolfgang Freihen: Tauchen – mein Hobby. – Humbold Taschenbuch 277, 1976.

Ley Kenyon/Werner DeHaas: Tauch mit. – Albert Müller 1966.

Walter Mattes: Das große Taucherbuch. – Franckh-Kosmos Verlag 1968.

Walter Mattes: Perfekt tauchen. – Franckh-Kosmos Verlag 1966.

G. Poulet/R. Barincou: Das große Buch vom Tauchsport (1972).

H. Renemann: Sporttauchen ohne Risiko. – Franckh-Kosmos Verlag 1974.

Frank Jörg Richter: Sicheres Tauchen – Ausrüstung, Technik, Tips. – BLV Verlagsgesellschaft 1975.

Urs Stirnimann: Sporttauchen – mit Tauchatlas. – Nymphenburger Verlagshandlung 1975.

Unterwasserfotografie und -film

Wolfgang Freihen: Unterwasser-Fotopraktikum. – Franckhsche Verlagshandlung.

Peter H. Krause: Tauchen und Filmen. – Wilhelm Knapp Verlag.

Tauchsportmagazine

«tauchen» (ca. 76 Seiten; DM 5,–) Jahr-Verlag, Burchardstr. 14, 2000 Hamburg.

«submarin» (ca. 60 Seiten; DM 4,–) Heering-Verlag, Ortlerstr. 8, 8000 München 70.

«Sporttaucher» (ca. 40 Seiten; Preis im Mitgliedsbeitrag der VDST-Vereine enthalten, ansonsten DM 5,–). Herausgeber: Verband Deutscher Sporttaucher, Schloßstr. 6, 2000 Hamburg 70.

Über den Verfasser

Erhard Schulz, Jahrgang 1939, begann 1956 mit dem Sporttauchen und trat ein Jahr später einem der ersten Tauchclubs in der Bundesrepublik, der Tauchgruppe Kiel, bei. 1959 wurde er Trainingsleiter dieses Vereins. 1963 gründete er den Deutschen Unterwasser-Club Kiel e. V. und war bis 1973 dessen Vorsitzender. 1964 rief er die Norddeutschen Tauchmeisterschaften und drei Jahre später die Deutschen Meisterschaften im Freiwassertauchen ins Leben. Bei allen diesen Veranstaltungen wurde er (bei den Mannschaftswettbewerben zusammen mit seinen Clubkameraden) mehrfacher Norddeutscher bzw. Deutscher Meister. Im Zeitraum von 1967 bis 1972 legte er alle Prüfungen der Tauchsportabzeichen und der Ausbilderprüfungen im Rahmen des VDST (Verband Deutscher Sporttaucher e. V.) ab. 1974 bestand er seine VDST-Tauchlehrerprüfung an der französischen Atlantikküste. Die Ausbildungsleitung in seinem Kieler Club, die Durchführung von Tauchkursen für Anfänger und Fortgeschrittene sowie die Abnahme von Prüfungen bei der Ablegung der Tauchsport-Abzeichen im norddeutschen Raum kennzeichnen seine jetzige tauchsportliche Tätigkeit.

Sachregister

rororo
Sportbücher